奧黛麗赫本 —— 好萊塢的時尚傳奇

潘蜜拉・克拉克・基爾◆著　陳美岑◆譯

Audrey Style by Pamela Clarke Keogh

Hepburn

PAMELA CLARKE KEOGH

國家圖書館出版品預行編目資料

奧黛麗赫本：好萊塢的時尚傳奇／潘蜜拉‧克拉克‧基爾（ Pamela
Clarke Keogh）著；陳美岑譯. ─ 初版. ─ 臺北市：臉譜文化出
版：城邦文化發行,1999〔民88〕 面； 公分

譯自：Audrey style
IBSN 957-8319-70-3（精裝）
1.赫本（Hepburn, Audrey,1929-   ）─ 傳記
2.演員 ─ 美國 ─ 傳記　　　　3.時尚

785.28　　　　　　　　　　88016491

奧黛麗赫本──好萊塢的時尚傳奇

作者◆Pamela Clarke Keogh
譯者◆陳美岑
出版◆臉譜文化事業股份有限公司
發行◆城邦文化事業股份有限公司
　　　台北市信義路二段213號11樓
　　　電話：（02）2396-5698
　　　傳真：（02）2357-0954
　　　郵政劃撥：1896600-4　城邦文化事業股份有限公司
　　　城邦網址：http://www.cite.com.tw
郵撥帳號◆1896600-4　城邦文化事業股份有限公司
香港發行所◆城邦（香港）出版集團
　　　香港北角英皇道310號雲華大廈4/F, 504室
　　　電話：25086231　傳真：25789337
新馬發行所◆城邦（新馬）出版集團
　　　Cite (M) Sdn. Bhd. (458372 U)
　　　11, Jalan 30D/146, Desa Tasik, Sungai Besi,
　　　57000 Kuala Lumpur, Malaysia
　　　電話：603-9056 3833　傳真：603-9056 2833
　　　email：citekl@cite.com.tw
登記證◆行政院新聞局局版北市業字第1287號
印刷◆一展彩色製版印刷有限公司
初版一刷◆1999年12月1日
初版七刷◆2001年12月1日

版權所有‧翻印必究（ Printed in Taiwan）
ISBN　957-8319-70-3

售價：399元

謹將本書獻給我的母親
茱莉亞・克拉克・基爾
一位最時髦的女性

也獻給派翠西亞

contents 目錄

黃薇序

introduction

　　說起奧黛麗赫本，她的風靡全球，人人都有不同的看法；但是，她的風格與個人品味能夠贏得全世界時尚人士一致的認同，無論是對名流或明星來說，都是非常少見。在她事業剛起步時，她就很清楚自己喜歡的風格，與設計師GIVENCHY展開了一生的合作。她曾說過：「你的衣服給予我在電影角色中的靈感與生命，當我穿上你設計的衣服時，我就能進入角色的生命中。」

　　「人們夢想擁有一個很大的游泳池，但我卻夢想擁有一個很大的衣櫥。」她對服裝的見解與選擇，讓「赫本風格」至今仍是全球女性模仿的對象。多年之後，奧黛麗的穿著方式仍然可以做為現代人智慧衣櫥的參考；像是：簡單黑色小洋裝、無領無袖洋裝、白襯衫、剪裁合身套裝，或是俏麗七分褲、黑色高領毛衣、圍巾，甚至於平底芭蕾舞鞋、低跟鞋、大的黑色太陽眼鏡都是她的註冊商標。現今許多品牌設計師的服裝系列中，還將這些款式命名為奧黛麗款式——以她優雅、簡潔、大方的風格表現出超越時尚流行的境界，得到一種經典之美。

　　《奧黛麗赫本——好萊塢的時尚傳奇》這本書，非常值得閱讀，書中有名人傳記式的事實記載，時尚界的潮流改變，到實際穿著上的啟示。另外，還有許多第一手的珍貴畫面，讓我們能從這本書裡欣賞到大家心中十分愛慕的奧黛麗赫本。

黃薇

紀梵希序

　　我很榮幸可以在赫本初入影壇時便認識她，我也很高興能夠與她一起設計她的服飾，包括她在電影裡的造型與她自己平常穿的衣服；我感到相當自豪，可以在本書裡用文字表達我對她的敬意。

　　奧黛麗有她個人獨特的風格。她在個人的穿著上，穿出了優雅、流行與簡單。她獨樹一幟地創造了屬於她個人特色的「赫本風格」（The Hepburn Style）。

　　我何其有幸可以與奧黛麗合作，並為她打點所有的穿著服飾。她是如此的獨特，無人能出其右。

　　這就是奧黛麗赫本魅力獨具的地方，也是本書想呈現給讀者之處。

紀梵希 Hubert de Givenchy

> 奧黛麗赫本呈現的是一些消逝已久的特質。
> 例如：高貴、優雅與禮儀……，上帝都願意輕吻她的臉頰，
> 她就是這樣一個討人喜歡的人。
>
> ——比利懷德（Billy Wilder）

楔子

凌晨六點鐘的第五大道上，奧黛麗赫本扮演著荷莉歌萊特（Holly Golightly），她有著下床氣，唯有到第凡內逛一圈才能痊癒。手裡拿著紙杯咖啡，咬著可頌麵包，歌萊特看到了她燦爛的未來。首先讓我們為之一振的是她的美麗。她內心藏著祕密，她個性溫和，她是仙女下凡，她夢想擁有愛情。一身黑衣顯現出她的纖瘦，柔軟纖細的上臂，頸上戴著假珠寶項鍊，她的內心期待著可以戴上真正的珍珠項鍊。她望著玻璃窗裡的世界——一個比她的現實生活更為平靜、有秩序、更璀璨的世界——她希望可以到第凡內享用一頓早餐。

身為電影明星的奧黛麗赫本和我們一樣，但是過得更好。她去過所有我們嚮往的地方，說著我們希望說出口的話語。她是姬姬、是翁蒂娜、是安妮公主、是修女、是瑪莉安夫人，還是天使。時至今日，我們追隨著她所扮演的每個角色，直到世界末日，或許，直至天堂為止。

奧黛麗赫本出現於二次世界大戰之後幾年，正是經濟蓬勃發展、樂觀主義盛行，以及全球女性有著極大轉變的時代。許多女性進入職場，接受大學教育，追求自己的夢想。流行，一如往常地，也反映在欣欣向榮的自由潮流中。在紐約市的邊陲地帶，海蒂卡內基（Hattie Carnegine）創造出我們現在所謂的高級時裝（ready-to-wear）。她的設計充滿了優雅、活力與現代感，反映出新世界（New

World）裡最美好光鮮的一面。

　　奧黛麗赫本具有歐洲人的優雅特質以及美國人的活力，她以成熟世故卻又天真之姿躍出於美國世紀最如日中天的時刻。當時的女性嘔思追求角色楷模，這種楷模不是男性心中幻想的那種理想女性，而是女性心中的理想樣貌。奧黛麗刻畫出一個充滿勇氣卻又嬌柔、美麗而堅強的女性英雄形象；不僅是態度上如此，在衣著上更是如此。當這位經典巨星在攝影棚小心翼翼地擺出姿勢時，攝影師菲立浦·哈斯曼（Philippe Halsman）捕捉住這位美麗的美國新星的樂觀神韻。他在拍攝眾多名人的跳躍身影時，更是抓住了奧黛麗在電影中展現的無限精力與深具感染力的迷人笑靨。當她穿著圓裙與合身的白色襯衫快樂地縱身一跳時，我們看到了，好萊塢公主原來是真有其人。

　　奧黛麗赫本無可比擬的優雅旋即擄獲了大眾的注意力，也從此失去了她個人的自由空間。譬如，她顯現了另一種生活方式，一種現代而睿智的生活方式，值得各個階層的女性仿效。奧黛麗出於本能，鼓舞著全球女性去發掘與強調自己的優點。就像可可香奈兒（Coco Chanel），她不僅改變了女性的穿著方式，更永遠地改變了她們的自我形象，擴展了美的定義，並且體現出一個入世、不屈不撓、非性感的新典範。正如王薇拉（Vera Wang）所寫的：「奧黛麗是最早的現代女性之一──受制於文化的影響，要走出個人的風格並不是那麼容易。她的穿著在在顯示出她的想法與心智。為了要這樣做，必須時時遊走於危險邊緣。要拒絕好萊塢的種種誘惑需要極大的勇氣，特別是要走出一九五〇年代珍羅素（Jane Russell）當道的性感時期。」

　　奧黛麗的解放訊息直到今日仍有所聞，因為她仍然被視為思想前進的女性偶像。在賈桂琳歐納西斯（Jacqueline Onassis）、葛洛莉亞史坦能（Gloria Steinem）、莉娜洪尼（Lena Horne）、黛安娜王妃（Princess Diana）或是歐普拉溫福瑞（Oprah Winfrey）之前，奧黛麗赫本便已經樹立了永垂不朽的典範，不僅為她的時代訂出定義，更是超越了她的時代。

　　當同一時期的影星大多星光盡褪，沒沒無聞之際，奧黛麗的一舉一動仍是世

人捕捉的焦點。一九九〇年《時人》（People）雜誌推舉她為「全球最美麗的五十人之一」。一九九六年，距離她辭世已經有三年之久，《哈潑昆恩》（Harpers & Queen）雜誌的一項民意調查，要找出當代最美麗的女性。赫然高居榜首的便是——奧黛麗赫本。

更令人矚目的是，赫本對於藝術中最多變的形式——時尚——仍有著影響力。她在那個時代所塑造出的風格沒有受到時間的限制；她的風格在我們的腦海裡已經根深柢固了。時至今日，許多的設計師、電影明星與時尚雜誌仍然對奧黛麗與紀梵希五十年前共同合作的作品推崇不已。

　　奧黛麗赫本之所以是絕佳的角色典範，不僅是她的寬闊胸襟與優雅，也是因為她質樸不做作的風格使然。她所建立的時尚風格至今仍為世人所模仿，的確，她對當代時尚有著無與倫比的影響力。「女性視今天的打扮穿著為理所當然，」設計師麥克‧格爾斯（Michael Kors）觀察說：「但如果不是奧黛麗赫本的話，她們今天不可能有這樣子的穿法。」葛莉絲凱莉（Grace Kelly）以她的愛馬仕（Hermés）皮包著稱，可可香奈兒著名的是她的黑色小外套，但是奧黛麗赫本令人津津樂道的是她的赫本頭、平底鞋、立領套頭毛衣、剪裁簡單的合身長褲、誇張的黑色太陽眼鏡、緊束的腰身、三分袖，以及在腰上打結的合身襯衫。她的獨幟一格令人難忘。希索‧畢頓（Cecil Beaton）在時尚雜誌裡這樣寫著：「二次大戰以前，沒有人這樣打扮……，但現在則有成千上萬的人都在模仿她的穿著。」

在一個過度虛偽的媒體吹捧與名人無止盡曝光的時代裡，就像大衛・哈伯斯坦（David Halberstam）所說的：「過度報導一些不真實的人、不真實作為的偽事件。」只有奧黛麗赫本是真實不虛的。在世紀末的今天，人們可以因為惡名昭彰而受到稱讚，假如他們對此缺乏想像力，真是再可悲不過了。奧黛麗永恆崇高的人格，更與現今的時尚名人構成強烈的對比。她是一位有格調、行止優雅的偉大女性，這樣的完美典範今日已不多見。

顯然地，全世界的人會立刻愛上奧黛麗不是沒有原因的——還有，時至今日，我們只要看到雜誌封面出現她的臉龐，或是觀賞她主演的電影時，我們也會立刻愛上她。在奧黛麗身上，我們看到的是一個實事求是，卻又如此令人信服的影星；有點矛盾，卻又如此堅毅。一位充滿勇氣，卻會在演講時，膝蓋不停地打顫的女人。這位讓人一眼就印象深刻的女性，在家裡與家人共處時最快樂。一位時尚界的象徵人物，但她的品味卻是如此簡單。

奧黛麗赫本成為一代巨星，而且其巨星地位屹立不搖，因為她不斷地激勵著人們。身為一名演員，她把我們的希望、夢想與心痛具體化，並且反映出一個令我們難以想像的觀照方式。奧黛麗赫本動人的美、令人心疼的嬌柔，以及她的勇氣更是直接、發自肺腑，也令人驚訝的。最重要的，她的真誠——我們相信她在螢光幕上的種種角色，我們對她深信不疑。

在本書中，我們可以看到奧黛麗的風格隨著她的歷練不斷地增進；這些風格不是靠著時裝設計師或是片廠行銷部門製造出來的。奧黛麗不是好萊塢訓練出來的，事實上，是她教好萊塢要如何訓練新人。她的優雅與討人喜歡的魅力喚醒了我們的夢想。但這些都不是她贏得人心的特質。她小時候的生活匱乏，她的教養，甚至她對前後兩任丈夫的失望，都促成她的發光發熱。

比利懷德在導演《黃昏之戀》（Love in the Afternoon）之後，這樣形容奧黛麗：「喔，那位特別的小姐。她擁有拉丁人所說的純真特質。」奧黛麗赫本是純真不做作，她誠實的特質更是散發在螢光幕上。正如《哈潑時尚》（Harper's Bazaar）雜誌所觀察的：「赫本揉合了這些特質，她的純真、熱忱與自然，讓人

第一眼就會被她深深吸引。」

　　最後，可以貼切地形容奧黛麗與她的風格的字眼，莫過於「真實」二字。羅伯‧沃德斯（Robert Wolders），這位陪著她走過生命最後十三年歲月的人，發現奧黛麗「信守自己的價值觀，而且早早便確定了她自己最適然的狀態。她的風格來自於她不願妥協，並對基本與真實的事情專注投入。她對於外在的影響顯得相當頑固與抗拒，對於最自然與自在的事情她總是堅持到底。她的正直與教養可以和她的幽默諷刺相容，不會讓她太過嚴肅，但總是對事情相當地認真。」

　　雖然奧黛麗赫本只有一個，也只能有一個，但我們也不必因此感到沮喪；因為，我們還是可以從研究她的一生學習許多事情。讓我們虛心接受各種面貌的風格，我們就可以讓奧黛麗赫本進入我們的生活；我們不僅會變得優雅，也會為優雅所環繞。毫無疑問地，這將使得赫本小姐深感欣慰。

她似乎出乎意料地與紀梵希相遇，

但毫無疑問的，他們註定會相識。

——德瑞達・米爾（Dreda Mele）

> **每位女性都渴望擁有奧黛麗赫本的外表。**
>
> ——紀梵希

遇見紀梵希

奧黛麗穿著休閒窄腳褲、白色襯衫、平底鞋，戴著她在義大利拍攝《羅馬假期》（*Roman Holiday*）時所戴的寬邊帽；她這一身輕裝打扮，站在這棟蒙梭公園（Parc Monceau）對面的哥德式華宅外，已經有好一會兒的光景了。她希望自己準時和紀梵希會面；畢竟她從母親——男爵夫人——身上學到，太早赴約和遲到其實是一般地沒禮貌。

這是一九五三年的夏天，奧黛麗剛剛要開拍她的第二部電影，和威廉荷頓（William Holden）、亨佛萊鮑嘉（Humphrey Bogart）共同演出《龍鳳配》（*Sabrina*），在片中她飾演一位時髦的管家女兒，周旋在一對兄弟之間。導演比利懷德要她到巴黎找一些設計師設計的原創服飾，以做為瑟賓娜從巴黎返回美國時穿的戲服。她無法置信自己身在法國，奧黛麗歪著頭研究著這棟豪宅裝潢華麗的砂石外觀，這原先是巧克力鉅子穆涅（Meunier）擁有的產業。想到快要見到紀梵希，她不禁微笑。這位身高六呎六吋，巴蘭夏加（Cristobal Balenciaga）的追隨者，在一年半前創辦了自己的設計公司，典雅細緻的設計風格令他聲名大噪。奧黛麗知道紀梵希的名氣，她對於流行服飾一直很注意，就如同運動球迷對棒球的狂熱。事實上，早在兩年前她就注意到紀梵希，那時他還在夏巴雷利（Schiaparelli）那裡當學徒，而她則在法國南部拍攝輕鬆的歐洲喜劇《蒙地卡羅寶寶》（*Monte Carlo Baby*）。

她的心跳不禁加速，八年前在荷蘭，二次大戰期間，她只能穿著自己縫製的衣服；現在她卻即將踏進光燦眩目的高級時尚界裡，一件刺繡襯衫標價三千美

金。這樣的對比真是難以想像。

見面的時刻到了。奧黛麗想到要和紀梵希見面實在是緊張不已，但她強自壓抑著這份恐懼。她抬頭挺胸，就像在芭蕾舞蹈課裡學的，從足踝開始便要好好站直，讓自己看起來比170公分的身高更顯高挑。門房為她打開厚重大門：「小姐請進？」《羅馬假期》一個月後才會在美國上映，所以，奧黛麗走在巴黎的街道——或是任何路上——都不會被認出來。她對門房微笑，走進屋裡。室內綻放的白色百合清香撲鼻。她想，在這裡一切事情應該都會順利吧。

「我要見紀梵希先生。」

「是的，小姐，」門房答應著，並引導她上樓，奧黛麗三步併做兩步地上了樓梯。

踏上大理石階，奧黛麗並不知道這場冥冥中註定相遇的時尚會面，在紀梵希的心中卻完全不是這樣。奧黛麗起初以為會是巴蘭夏加為她設計戲中女主角的服飾，結果卻沒有人負責這件事。安排奧黛麗的巴黎行，派拉蒙駐巴黎辦事處負責人的夫人葛拉迪絲莎崗（Gladys de Segonzac）沒辦法在這麼接近巴蘭夏加年度發表會的時刻打擾大師。事實上，巴蘭夏加的追隨者對他的忠誠度絕對是毋庸置疑的；所以，當巴蘭夏加於一九六八年決定結束他的工作室時，美隆（Paul Mellon）夫人在床上病了兩星期。

奧黛麗赫本建議找紀梵希。莎崗笑著表示贊同。真是個好主意。因為她和紀梵希私交不錯，便由她居中介紹。莎崗打電話給紀梵希，懇求他見這位年輕女子。雖然他也忙著準備自己的新裝發表會，紀梵希還是同意了。「有一天，有人告訴我赫本小姐將到巴黎挑選新戲的服裝。我從未聽過奧黛麗赫本這個名字。我只知道凱薩琳赫本（Katharine Hepburn）。如果是凱薩琳赫本的話，我一定會很高興地前去迎接。」他回憶當時的情景。當他見到奧黛麗時，他相當優雅地隱藏了內心的失望：「我對她的第一印象是，覺得她像個脆弱的小動物，一捏就碎。她的雙眸明亮美麗，她實在很瘦很瘦……脂粉未施，很有魅力的一個女孩子。」

當年他們初次見面時，紀梵希二十六歲，奧黛麗則比他小兩歲。他們就如同

兄妹一般，成為一輩子的好朋友。他們都有相同的人格特質──紀梵希七點就起床；他那忠心的祕書珍娜會在八點端坐辦公桌前，幫他的模特兒化妝、整理髮型。九點一到，一切準備就緒。他表示，是「紀律」使他的行為舉止得以如此誠實不欺。紀梵希一天工作十四個小時，畫草圖、打版、檢查布料；他精力充沛，才智過人，更具備著法國人特有的優雅氣質。德瑞達·米爾，這位紀梵希的首席回憶起奧黛麗與紀梵希的相同之處：精力充沛，有條不紊，對工作專注投入，而且「一生的舉止都很得體合宜」。

從奧黛麗身上，紀梵希找到了一位和他對服飾同樣有著高度興趣的夥伴。當他還是個小學生時，他們家在法國即擁有織錦工廠，他的祖母每每以展示私人收藏品，做為對他優異的成績以資獎勵──整個櫃子裡各式各樣的布料，讓他目眩不已。長大成人之後，做為一個設計師，他更知道布料才是服飾的源頭，他說：「這是所有靈感的序曲。」從他的老師巴蘭夏加那裡，他更學到了「不要和布料作對，它是具有生命的有情眾生。」對紀梵希而言，他在時尚工藝上的豐富選材，毋寧像是盛宴裡不可或缺的佳餚美酒。「絲綢的誘惑、芳香，絲絨的觸感，荷蘭絲綢窸窸窣窣的聲音，多麼令人陶醉。而綾綢的顏色與光亮，皺紋絲的真珠光面，刺繡的韌度，還有撫摸長條絲絨時的感覺，更是令人喜悅。真是妙不可言。」

但紀梵希初次看到奧黛麗時，無論當時她的眼神是多麼殷切，想要得到他的幫助，他確實忙得抽不出時間幫助她。幾個星期之後，他們就要展出服裝，而且千頭萬緒，有許多事情要處理。奧黛麗請求他，即使不能為她設計戲服（從所有的情況看來似乎是真的不可能），也許他可以讓她從過去發表會已經做好的現成衣服裡，挑一些適合她穿的衣服。

紀梵希不置可否地聳聳肩，誰又奈何得了這位女孩呢？他微笑答應，於是奧黛麗開始在混亂的工作室裡挑選她想要的戲服。

奧黛麗試穿的第一件洋裝，是一件灰色羊毛套裝，以柯麗·雪佛（Colette Cerf）的身裁量身訂做的，她穿起來合身極了，因為兩人的纖腰都只有二十吋。但這件衣服穿在奧黛麗身上卻發生了令人震驚的變化：紀梵希是第一個無法相信

自己所見的人。這位衣衫平凡的瘦弱女孩，就如同奧黛麗自稱的，不是個女演員嗎？怎會搖身一變，成為一位超級大美女，她的美麗是他旗下任何一個模特兒都無法超越的。

「她穿著那件套裝緩緩走來，真是神采飛揚。」紀梵希說：「她說這正是她想在戲裡做的裝扮。不可思議的事情發生了——你真的可以感受到她的興奮與喜悅。」

奧黛麗挑選的第二件衣服是一件白色、合身、無肩帶連身長裙晚禮服，一層蟬翼紗從腰身直洩而下，將她緊緊包住。上衣、裙身以及裙擺上都繡著黑色絲絨的花卉圖飾，這件衣服讓人屏息讚嘆。這個討人喜歡的陌生人竟賦予這些衣服無限的生命。穿在她瘦直脖子、纖細身材以及迷人長腿下，紀梵希覺得這套衣服和她真是絕配。

至於最後的這件衣服，奧黛麗選了一件黑色棉質的洋裝，是瑟賓娜和林納斯拉瑞比（Linus Larrabee）在約會時穿的衣服，這件衣服的設計在腰身上採用貼身的剪裁，長及小腿的芭蕾舞圓裙，而袖子的部份則是削肩剪裁。她最喜歡這種平領露肩的設計，正好可以遮住她削瘦突出的鎖骨，這一點在好久以後，她才透露給紀梵希。

奧黛麗喜歡有變化的衣服，這樣才會流露出她的個人特色；她更喜歡不按牌理出牌地搭配衣服。所以，她在工作室裡四處搜尋，想要找到適合黑衣的配件，當她看到那頂綴著水晶的包頭巾帽子時——真是得來全不費工夫啊！穿著白色工作服的女裁縫師們，看著奧黛麗都禁不住笑了。她真是神奇！

紀梵希被奧黛麗深深吸引之後，便邀請她到格蘭大道上的餐廳用餐。餐桌上有著酒燜子雞和美酒，他們交換著自己的故事，奧黛麗告訴他戰時的經歷與倫敦、好萊塢的種種遭遇。「我喜歡緊身的衣服，」奧黛麗笑著說，並優雅地撕了一片麵包。她向他透露，在她演出《羅馬假期》，第一次拿到拍片片酬時，她便去買紀梵希的外套。出了試衣間，她就像其他崇拜紀梵希衣服的無名氏一樣，用原價買了那件外套。修伯特聽了她的故事，愈發被她所吸引。

　　雖然他們不曾去想像未來會是怎樣，但他們知道彼此是自然而然地屬於上流社會的一員。此事非關權勢、金錢或是家庭地位，而是因為他們的天賦、努力工作與堅持超越的信念使然。他們與生俱來的優雅絕非金錢可以買到。

　　奧黛麗在修伯特身上找到一個可以分享世界觀的朋友。宛若兩人陷入愛河──然而，卻又是比這樣更完美的狀況。就像她的天賦異稟，可以挑選出正確的服裝搭配，她直覺地認定自己可以相信他。在他們見面後不久，她就打電話告訴他，她愛他，隨後即掛上了電話。她對修伯特的情感從來不曾動搖過。「有一些人是我深深愛過的，」她之後表示說。「他是我認識的人裡面最正直的一個。」

　　在迷信的時尚界裡，香奈兒總是會把她的星座圖像（獅子）和四瓣苜蓿放在作品裡，許多人覺得修伯特和奧黛麗是註定要相識的。事實上，看來亦是如此。德瑞達·米爾告訴過《浮華世界》（Vanity Fair）雜誌說：「奧黛麗對於她的品味與外表很決斷，她之所以找上他，是因為他給她的形象深深吸引著她。她完完全全地進入了那個夢境。她也進入了他的夢想。他們是天生一對。」

　　正當奧黛麗與修伯特陶醉在新友誼的開展之際，時裝界的傳奇設計師伊迪絲賀德（Edith Head）重返好萊塢；讓人跌破眼鏡的是，她將是奧黛麗唯一的服裝設計師。賀德在她的職業生涯上從未閃失過。四十四年的生涯中（先是在派拉蒙，後來又跳槽到環球片廠），賀德是個精明幹練的政客和內鬥高手。服裝部門的裁縫師們流傳著一個笑話，「如果可以的話，這位老闆可能會說自己是發明裙子的人。」的確，在她的事業登峰造極之時，她的合約上載明了，她是唯一可以在派拉蒙電影上掛名服裝設計的人。比利懷德記得當時他不要賀德擔任《龍鳳配》的服裝造型，她卻可以自動分配到擔任所有派拉蒙一線電影裡的服裝設計工作。

　　當時，好萊塢圈內對於伊迪絲根本就不是設計師的謠傳，甚囂塵上，有人說，她連怎樣畫設計稿都不會──她只會在別人的圖稿上，簽上她大喇喇鬼畫符的名字。但在她還是個基層設計師時，她的交際手腕就已經相當高明。好萊塢盛傳著伊迪絲是唯一「唱作俱佳，能屈能伸的演員」。首席的女星像是芭芭拉·史坦華

克（Barbara Stanwyck）、卡洛·蘭柏（Carole Lombard）、葛莉絲凱莉、伊莉莎白·泰勒（Elizabeth Taylor）都深深為她的支持與信心吸引，主動要求與她合作。但是，在這樣強人環伺的環境中工作，賀德寧可像個企業主管，而不是一個藝人。她處心積慮地讓自己成為上位者權力鏈中一個無可取代的人物。無論是影星或是主管的妻子，出席首映典禮或是參加重要派對，想要租借禮服時，她都會欣然從戲服裡打點，出借禮服給她們。

當奧黛莉懷德（Audrey Wilder），比利懷德的妻子，和亞蘭賴德（Alan Ladd）共事時，伊迪絲對她說：「這是要給你穿的黑色戲服，我們會再另外幫你找一件貂皮大衣。」奧黛莉懷德說她正好在泰德邦（Teitelbaum）買了一件銀色的狐狸皮大衣，那兒也是片廠租借皮衣的地方——當時的租金是一百美元外加每個月四十美元。「好，」伊迪絲說：「那這部片子裡我要徵召你的貂皮大衣。」她甚至還立下字據——「租用銀色貂皮大衣，租金每天五十元。」懷德太太一天的薪資是三十五美元，她的貂皮大衣一天的工資卻是五十元。她就用這筆費用付給泰德邦，買下了這件大衣。

奧黛麗與伊迪絲曾經在《羅馬假期》裡合作過。在她們第一次見面時，伊迪絲就被這位剛進影壇的新人給迷住（當然，還有她一口氣可以吃下焦糖聖代或是四個巧克力奶油點心的本事）。「我知道我設計的任何衣服穿在她身上都會很完美。」伊迪絲很快就發現奧黛麗在服飾上，比其他的女演員更為專精與講究，甚至還自備有她的身材版型，對服裝設計有不小的幫助。「奧黛麗的裝扮是十小時，而不是十分鐘的修飾。」賀德回憶說。「她知道自己表現出怎樣的外表，也知道怎樣的衣服最適合她，但她從不自大狂妄或者挑剔。她是個這樣令人喜愛的甜美女孩！」

這位可愛甜美的女孩一直是彬彬有禮，但她並不是唯唯諾諾，沒有主見的人。奧黛麗知道該給別人怎樣的外表，也知道怎樣的衣服最適合自己。甚至當她從巴黎回來之後，她知道應該讓紀梵希負責服裝設計。憑著她對流行服飾的精確敏銳度，奧黛麗推薦紀梵希為她設計《龍鳳配》裡的戲服，當時除了上流社會一

些金字塔頂端的人,紀梵希的名字在美國根本沒幾個人聽過。比利懷德把這個消息透露給伊迪絲,假裝這是他的主意。雖然,她仍然要求並且確實在電影中掛名服裝設計;最後,還是只擔任瑟賓娜衣衫襤褸,在停車間生活時的服裝設計,還有一些較為次要的場景(例如,瑟賓娜和林納斯拉瑞比在船上約會時所穿的短褲與格子襯衫)。這可真是傷了賀德的心。

瑟賓娜從法國烹飪學校學成回到故鄉,與開著哈雷敞篷車的大衛拉瑞比(David Larrabee)在葛倫柯維(Glen Cove)車站相遇。雖是身著男性味十足的羊毛質料,剪裁合身的灰色套裝,還是掩蓋不住她玲瓏有致的曲線,她絕對不是典型的長島北方社交名媛。大衛心裡納悶著:這位神祕的美女是誰?她為何對自己的一切瞭若指掌。她時髦的外表包括上了妝的眼睛,灰色頭巾下覆在前額的瀏海,白色的手套,一堆硬殼行李箱,一隻貴賓狗,以及誘人香味。她的祕密就是吊足他的好奇心,而這位花花公子就這樣被她吸引了。

全球的觀眾也和大衛拉瑞比一樣,被這位以全新姿態出現的瑟賓娜吸引,並且立刻被她懾服。影片最後,出現工作人員的名單時,伊迪絲賀德竟是奧黛麗赫本的服裝設計師。旋即,人們就知道是紀梵希設計了這些可愛的服飾,卻被賀德搶走了功勞。後來,她甚至還對外宣稱自己設計了「瑟賓娜式的露肩洋裝」,而這明明是紀梵希設計的領子,是赫本喜歡的領子,因為它可以藏住她削瘦突出的鎖骨,露出她美麗的肩膀。

奧黛麗與紀梵希在《龍鳳配》的合作,對於女性的服裝意識造成了大震撼。似乎每個女人都想要變成奧黛麗赫本。一旦這個夢想不可能實現,她們也會開心地模仿起赫本的穿著方式。事實上,一件抄襲自《龍鳳配》裡紀梵希所設計的衣服,甚至在電影還未上映之前就先轟動,始作俑者更是令人意想不到。原來,奧黛莉懷德看到赫本從巴黎帶回來給她先生看的草圖。她於是拿了那套黑色的宴會晚禮服給她母親看,她母親正好又是為許多片廠工作的頂尖裁縫師。她母親根據這個草圖為女兒縫製了一件晚禮服,她就穿著這件衣服出現在宴會上。「這樣不

The Eternal Chris Audrey Hepburn Look

Manolo Blahnik. London

公平！」懷德抗議道，「電影還沒有上映呢！」（儘管如此，他不得不承認他太太穿上這件衣服實在是太美了。）

但全心擁抱奧黛麗時尚的熱潮並不止於模仿她的服裝，「街上的每個人幾乎都剪了赫本頭，」德瑞達・米爾回憶道：「大家學著她走路、說話的樣子。每個人都希望自己看起來像奧黛麗赫本，這股模仿熱潮持續發燒長達十年之久。」奧黛麗知道她引起的流行風潮嗎？「當然囉！」懷德說：「她只要看到滿街模仿她的人，她當然知道。」

奧黛麗邀請紀梵希參加《龍鳳配》的首映典禮，這也是他首度到洛杉磯旅遊。坐在觀眾席上，奧黛麗很驚訝紀梵希竟然不在工作人員名單上。對於這一點，紀梵希非常有禮貌地不做任何評論，只說自己「漏看」了。奧黛麗強忍住憤怒，承諾一定會對他有所補償。她做到了。在他們初試啼聲奏捷之後，兩人展開了最長的合作，也是時尚史上最成功的合作。他為她設計的戲服包括《甜姐兒》（*Funny Face*, 1957）、《黃昏之戀》（1957）、《第凡內早餐》（*Breakfast at Tiffany's*, 1961）、《謎中謎》（*Charade*, 1963）、《巴黎假期》（*Paris When It Sizzles*, 1964）、《偷龍轉鳳》（*How to Steal a Million*, 1966）等片，甚至還包括第二度結婚、兒子受洗時她穿的禮服、受洗袍等等。

紀梵希曾經說過：「女人不是單純地穿上衣服而已，她們是住在衣服裡面。」而這樣的服裝哲學與奧黛麗的想法不謀而合。他的衣服剪裁簡單，正完美地烘托出她典雅的輪廓。紀梵希認為年輕、有教養與獨特，造就出她帶有巴黎人的成熟世故，是她當時可以在一堆新人中脫穎而出的原因。至於他的衣服所帶給她的自信與力量，更是具有十足的心理效果。「只有穿上他設計的衣服，我才是原來的我。」奧黛麗一九五六年時這樣告訴記者。「他不僅是位服裝設計師，他是人格的創造者。」為了回報他的支持，奧黛麗願意扮演著繆斯女神的角色，不斷地鼓舞著紀梵希。

他們共同創造出代表赫本風格的俐落線條、簡單顏色與無懈可擊的作品。奧黛麗與修伯特之間的友誼與藝術上的合作，是時裝界裡最重要的搭擋。曼諾羅・

布雷尼克（Manolo Blahnik），這位製鞋大師最近又讓瑟賓娜高跟鞋再度流行，以表達對奧黛麗的敬意。他覺得「赫本小姐的影響力是絕對的、無遠弗屆，而且歷久彌新。無論你喜歡與否，她將是二十世紀最重要的表徵之一。」

紀梵希對於奧黛麗成為世界時尚領導者的讚譽，更是深表贊同。「她很清楚知道自己要什麼。她了解自己的容貌與身材，優點與缺點。她知道要穿著削肩的晚禮服遮住自己嶙峋的鎖骨。我為她設計的款式終於變成廣受歡迎的時裝，我將之命名為『瑟賓娜露肩洋裝』。」

她的朋友雷夫羅蘭（Ralph Lauren）對於奧黛麗與紀梵希的搭擋，也給予同樣的好評。「我相信奧黛麗給了紀梵希服飾全新的風貌。他們持續不斷地合作，但我認為是奧黛麗挑選出適合她個人風格的衣服；同樣地，對於我的服飾，她也製造了一樣的效果。她懂得挑選適合她的衣服。」名模克莉絲緹朵寧頓（Christy Turlington）也同意羅蘭的看法。「紀梵希設計的美麗服飾何止千萬件，但你記得的卻是赫本與他合作的那幾件，我覺得這與她對他造成的影響有關。那些服裝也正是我的最愛。那是真正的合作關係，她不僅是繆斯女神——她為那些設計提供了更多的想像。」

藉著她獨特的外表，赫本做了其他的事情，也許當時大家並不能十分清楚地看到她的影響力——她改變了之後十年，一般世人所接受的美女定義。我們不應忘記她的現代風格，無論以現今的眼光看來是多麼地主流，對於當年的奧黛麗而言，可謂是相當激進的轉變。在蓬鬆捲髮、裹著緊身毛衣、緊身窄裙的珍羅素（以及霍華休斯〔Howard Hughes〕為她設計的內衣）當道的時代裡，奧黛麗男孩般的身材、短髮與平底鞋，正是她個人最獨特的標誌。

赫本引領風潮、前衛的風格，完全是因為她能夠了解自己，而不盲目地跟著流行走。根據王薇拉的看法：「奧黛麗的穿著迥異於當時好萊塢流行，她是為自己而穿。她個性獨具的風格其實是一種混合體——融合了她特立獨行的勇氣，以及洞悉紀梵希服飾的精髓。這絕對不是一件簡單的事。直到今日，我仍會一想起奧黛麗，就想到她那種獨樹一格的勇氣。」

紀梵希與奧黛麗之間的友誼，對於她身為女人與演員的成長上，意義非凡。奧黛麗的一生中，也會穿戴著其他設計師的衣服──在羅馬時，她穿的是范倫鐵諾（Valentino）的衣服；一九八〇年代的日常衣著則是以雷夫羅蘭的服飾為主；甚至代表聯合國到處旅行時，她穿的是Guess的牛仔褲；但她最喜愛的仍是紀梵希的衣服。他們的友誼比起她和任何一任的丈夫都來得長久。他對她就像是皇后身旁忠心耿耿的侍衛。之後，他更擔任她立遺囑的證人。

一九九三年奧黛麗去世之後，時尚界仍是對他們的關係議論紛紛，偶爾有些惡意的八卦，把他們比喻成凡爾賽宮裡的拿破崙與約瑟芬。「她完全是他一手創造出來的，」有位著名的評論家是這樣說的。「奧黛麗知道自己要什麼，而且對修伯特取予予求。」另一個精於推測的設計師如此刻薄地說。至於葛雷哥萊畢克（Gregory Beck）則認為：「奧黛麗有她獨具的流行感，她知道擷取最好的部份。至於紀梵希則是為了她盡心盡力。她的風格來自她獨一無二的特點。」即使是伊迪絲賀德也踢到鐵板。「伊迪絲從未替奧黛麗設計過半件衣服，」奧黛莉懷德透露這個立場。那麼，到底是誰替她設計的呢？「修伯特，他完成了一切。」她淺笑了一下，意指：你不是早就知道答案了嗎？「修伯特寄給她草圖，而她自己做衣服。因為修伯特沒有加入服裝公會，所有的功勞歸她。」

奧黛麗和修伯特，抑或是紀梵希與赫本。誰主誰副？並不重要。最後，就如同所有的愛情緋聞，唯一知道他們兩人真正關係的人，就是奧黛麗和修伯特他們自己。任何人只要看過他們兩人相互依偎地走在塞納河畔，修伯特的手臂圍繞著奧黛麗；當她向他傾訴心事時，他總是呵護著她，他們的關係自是不言而喻。和所有動人心弦的羅曼史一樣，奧黛麗和修伯特永遠一起深印在人們的腦海中。

三件套裝

令人訝異的是，讓奧黛麗掀起時尚界騷動的衣服，只是三套她借自紀梵希一九五三年設計的春夏裝——她在《龍鳳配》裡穿的三套衣服。當她出現在他辦公室大門時，他正為冬裝發表會忙得不可開交（時尚界通常在六月展出該年的冬裝）。

結果，奧黛麗在上一季展示過的衣服裡到處尋找，她找到了一件套裝、一件洋裝，還有一件晚禮服，並在他的工作室裡找到搭配的帽子。最後讓世界為之驚艷。

葛倫柯維套裝

這套衣服是奧黛麗向紀梵希自我介紹後，發現的第一件衣服，適合在冬天穿。對於這件套裝，《浮華世界》形容說是「牛津灰的羊毛套裝，合身的腰身剪裁，雙排扣圓領上衣，加上合身及膝長度的裙子。」奧黛麗認為它很「有勁」，換言之就是很棒。

白色晚禮服

這件是五三年春夏裝，編號808的晚禮服。紀梵希的草圖畫的是一件長及足踝的長裙外加合身上衣，有著黑色圓領三分袖。奧黛麗穿的卻是露肩禮服，加上一層可卸式裙襬。令人驚豔的傑作。這是影史上最成功的灰姑娘裝扮，奧黛麗在拉瑞比華宅穿著這件晚禮服，讓所有的人因埋沒她多年而感到後悔不已。威廉荷頓拿了兩只香檳酒杯，暗示樂團開始演奏〈這樣不是很浪漫嗎？〉（Isn't It Romantic？）。他挽著司機的女兒走到網球場去。一件改變一生的衣服。

結局約會時的洋裝

亨弗萊鮑嘉因為自己的角色不突出，心裡沒有安全感，又礙於威廉荷頓與導演的私交，他在整部片子的拍攝過程中幾乎是個不定時炸彈。為此，他被排拒，無法出現在晚會上，也被威脅說，如果他繼續素行不良，劇本將會改寫，讓他的戲就此停止。不過，看到奧黛麗穿著這件衣服出現時，觀眾仍會以為劇中的男女主角彼此相愛。這件黑色的晚宴禮服腰身合身緊束，肩線有著相當活潑的曲度，在背部與袖口上做大幅度的挖空處理，而平領設計更被稱之為「瑟賓娜露肩洋裝」。千萬不要被賀德的話唬住，這件衣服的草圖上有紀梵希的簽名。根據製片備忘錄所載，這三件衣服是由奧黛麗向修伯特買下，派拉蒙公司不必付錢或在影片中註明紀梵希贊助提供。他們認定這些衣服是屬於奧黛麗私人擁有的。如果你還是有所疑慮的話，這件衣服當年的售價是美金五百六十元。

我想要成為瑪歌芳登（Margot Fonteyn），

我也希望成為一名舞者。

——奧黛麗赫本

> **她具有少見的特質──**
> **觀衆緣，讓每個人都不得不注視著她。**
>
> ──卡薩琳・奈斯比（Cathleen Nesbitt）

甜姐兒

　　這是一九五一年六月，蒙地卡羅巴黎飯店鋪著大理石的大廳裡，也是《蒙地卡羅寶寶》的拍片現場。現在到處是攝影機，電線散亂一地，還有導演的吼叫聲。一位名不見經傳的女演員在鏡頭裡，像是自娛般輕盈地跳著舞。另一個坐在輪椅上，上了年紀有點威嚴的女士，深受這名演員的吸引。「我一直注視著她，」高萊特（Colette，1873-1945年）夫人後來回憶當時的情景。「她就是我的姬姬。」她對著身邊的人斬釘截鐵地表示。「這個人是誰？」她要求別人幫她引介。高萊特對於奧黛麗赫本只是驚鴻一瞥，但她卻很確定，這個沒沒無聞的演員就是她小說改編百老匯歌舞劇的女主角。

　　高萊特的反應並不是針對這個陌生人的服裝（當時，奧黛麗穿著絲質條紋丑角褲），或是她在法國喜劇片的演技，而是她的氣質儀態──亦即任何設計師的衣服也不能提供的特質。雖然，她獨特的美貌與紀梵希驚人的設計引起了舉世的注意，但讓世人永難忘懷的是她內在的風格。小說家天生就有一種內在的天賦，而且高萊特也洞察出奧黛麗身上具有這樣類似的特質。也許是這樣躍進式的想像，才能夠慧眼獨具地相中奧黛麗擔綱主演百老匯歌舞劇。

　　在高萊特的堅持之下，奧黛麗到了紐約，經過六個星期緊張的彩排，她的《金粉世界》（Gigi）正式開演。評論倒是不慍不火，但觀眾卻熱情地起立鼓掌喝采。至於該劇製作人，之前對奧黛麗的聲音並不滿意，甚至在兩星期之前還想臨時換角，如今卻發現這部劇可以一炮而紅。這個大眼睛、黑髮，留著瀏海的年輕

女孩，竟然在百老匯大受歡迎。首演的隔天早上，奧黛麗赫本爬上階梯，親自把她名字的「A」字擺在她的名字前頭，《每日新聞》（*Daily News*）的攝影師則在底下按下快門。她的名字放在劇名之上——巨星於焉誕生，好萊塢很快地便向她招手。

當然，一夜成名並非一蹴可及。在得到大眾的掌聲之前，之前的日子可能充滿了無限的心酸，想要達到某種目標，必須歷經嘗試錯誤；但最重要的還是天賦、信心與運氣。所以，當這位年輕、風格獨具與天生麗質的奧黛麗，憑藉著她探向未來世界的一絲希望與對自己永不磨滅的信心，終於可以實至名歸。而奧黛麗最引人好奇的地方，莫過於她在當時這樣年輕的人生階段，卻早就具備了這些迷人的吸引力。

尼克拉斯唐納（Nickolas Dana）曾在美國很受歡迎的歌舞劇《高跟鈕扣鞋》（*High Button Shoes*, 1948）中與奧黛麗赫本共舞，他對於奧黛麗早期的風格記憶猶新。這部劇是由朱麗史坦（Jule Styne）編曲，傑洛羅賓斯（Jerome Robbins）編舞，並於一九四八年時到倫敦公演。做為一個初出社會，正在打拚的歌舞劇團團員，赫本的行頭幾乎只有「一條裙子、一件上衣、一雙鞋以及一頂呢帽，但卻有十四條絲巾。有時，她把帽子戴在頭頂上，側邊或另一邊——或是折成一半，讓它看起來非常奇怪。她對於衣著打扮有著無比的天賦與才能。」當奧黛麗愈加光鮮、散發自信與得到掌聲時，這些特質便驅使著高萊特這樣的人，不自覺地一下子就被她吸引。

如果用「王室氣質」來形容後來的「赫本風格」是一個更普遍的形容詞，那麼她獨特的氣質就不需要特別理由。奧黛麗於一九二九年五月四日在布魯塞爾出生，原來取名為Edda Kathleen van Heemstra Hepburn-Ruston。她的母親是一位荷蘭貴族，從小便渴望當一名女演員和歌劇演員，但因為她的社會地位而遭到家人反對。奧黛麗的父親，約瑟夫赫本羅斯頓（Joseph Hepburn-Ruston）是一位英籍愛爾蘭商人。赫本夫婦的婚姻關係並不好，加上約瑟夫傾向納粹，愛好

杯中物，最後甚至還將連襟的錢拿去資助法西斯運動。

一九三五年五月，羅斯頓做了一件不可思議的事情。他棄妻子與六歲的女兒於不顧，逕自離家出走。奧黛麗對於父親的失蹤一直耿耿於懷，覺得這是「生命中最大的創傷」。她的母親一夕之間黑髮轉白。奧黛麗回想起自己與母親的反應時，仍然心有餘悸：「看著母親的臉龐佈滿淚痕，你會因而驚嚇不已。心想『接下來，我該怎麼辦？』你腳下站立的土地似乎離你而去……，父親真的已經遠走。他就這樣走了出去，永遠也不會回來。」雖然有著嚴重的失落感，奧黛麗內心裡仍然藏著對父親的愛，終其一生對父親的失蹤感到遺憾。

雖然失去父親，奧黛麗還是渡過一段快樂的童年時光。她成長於二次世界大戰時的荷蘭安恆（Arnhem），她一直很喜歡跳芭蕾舞，從十一歲開始習舞。舞蹈給了奧黛麗一個情緒的出口，一種到達完美的方法，也讓她得以在殘酷的世界裡找到美好的事物。在戰事紛亂的那幾年，她的芭蕾舞課始終維持不輟。芭蕾舞讓她的世界找到了依賴的重心。事實上，她常常把鄰居附近的小孩集合在一起，在她祖父的家中為小朋友們上芭蕾舞課；為此，她祖父還在家中鋪著黑白大理石的大廳中特地裝上跳舞用的把桿。「我的學生裡各種年紀的人都有，」她回憶說：「每一節課收五分錢。」到了一九四四年，德軍幾乎橫掃全歐，奧黛麗即使舞鞋損壞，沒有新的舞鞋可穿，她仍然繼續跳舞。最後，她只好穿上最令人痛苦的舞鞋──木製舞鞋。

即使芭蕾舞帶給她一個美麗世界，仍舊抵擋不了殘酷的現實世界。由於謠傳她母親希斯特家族有部份猶太血統，她最親近的舅舅與表哥被視為是第三帝國的敵人而遭到處決。進佔的軍隊扣押了奧黛麗外祖父家裡的財產與銀行帳戶。雖然，當時她只是個小孩，她在戰時便開始散佈反納粹的文章，更要逃避德軍的追捕。

對於遭受納粹統治的迫害，奧黛麗更是永生難忘。十五歲時，她在荷蘭經歷了所謂的「飢饉之冬」（the hunger winter）──這是戰爭的最後一個冬天，時值一九四五年。許多人因為飢餓喪生，加上缺乏棺木而爆發肺結核瘟疫，更是雪上

加霜造成更多的死亡。她曾經說過,當時她靠著吃鬱金香球莖維生,還希望可以用草做成麵包。許多時候只能靠喝水過日子,而且為了要有飽脹的感覺,她必須喝很多的水,到了下午便早早上床以保存體力。她曾經目睹母親為了替母女兩人打點食物的痛苦,奧黛麗下定決心這輩子不要再受到食物匱乏之苦,也養成了她這輩子只要身處在壓力之下便不進食的習慣。

在荷蘭重獲自由時,奧黛麗已經亭亭玉立,身高有一六八公分,體重卻只有四十一公斤,並患有貧血、氣喘、黃疸症,以及因營養不良所引起的許多疾病。從十一歲到十六歲飽受營養不良之苦,奧黛麗的新陳代謝更因為悲慘童年的重創而受到嚴重影響。雖然,她後來又長高一英吋,達到一七〇公分,成人後的體重增加到五十公斤,但她始終都希望保持著這樣的體重。她著名的「乾扁」身材,後來蔚為流行,深受世人喜歡。但事實上,這樣的身材是來自於基因(她說她的身材跟她母親是一模一樣)以及悲慘的生長背景。

在她的童年經驗裡,比物質匱乏所造成更顯著與深遠影響的,可能是奧黛麗因此飽受心理創傷。一九九〇年接受電視訪問,唐納修(Phil Donahue)曾問奧黛麗,生活在納粹統治下是否造成她的不安全感。「那並不是造成我不安的原因,」她回答說。「父親離我們而去,才是造成我缺乏安全感的原因。這使我對任何的親密關係都沒有安全感。每次我談戀愛結婚後,我便會活在害怕被遺棄的恐懼中……,無論你的最愛是什麼,你都會很怕失去它。」

父親不告而別,納粹的恐怖暴力以及戰時物質的匱乏,這一切都是不容易復原的傷痛。如果在希索‧畢頓拍的那一禎著名的跳躍照片裡,奧黛麗的明眸閃爍著喜樂,但也總是有那麼一絲絲的陰影。奧黛麗一直都知道飢餓的滋味,身為男爵夫人的女兒,她卻必須在嚴冬的土地上尋找食物。她也體驗到失去一切的痛苦:她看著堅毅不撓的母親因為恐懼而啜泣。奧黛麗的童年讓她既堅強又脆弱,造成她兩極化的個性——這一點當然使她與同年代的美國人大不相同。就像她的朋友羅傑卡拉斯(Roger Caras)的觀察:「有過那種經歷的人,不是變得剛強,就是變得溫和。她則是變得溫和。」曾和奧黛麗共事,為《哈潑時尚》拍照

的寶麗美隆（Polly Mellen）同意這樣的看法。「奧黛麗的個性真的很溫和。要在那樣的行業裡必須要真的很溫和，所謂的外柔內剛──因為那是個狗咬狗的行業。我想她是一個很有原則的人，我覺得因為家庭背景，她對自己的了解很透徹。她的過去與背景對她助益很大。」

希特勒於一九四五年四月三十日自殺。同年的五月四日是奧黛麗十六歲的生日，當時荷蘭已重獲自由。她回憶說：「那一年生日，我得到了這一生最好的生日禮物。」幾天之後，加拿大軍隊在鎮上的廣場安置了一個自動發電的放影機，奧黛麗與她的朋友在戰後第一次看到好萊塢的電影，開心地在廣場上大叫。因為，從外面的世界傳來的訊息顯示未來必定充滿希望，奧黛麗感覺到自己應該要再做一些投資。內向害羞、沒有任何的野心，一心只想要養活自己與母親的她，相當渴望成為一名芭蕾舞者（在她贏得奧斯卡獎之後，她坦言說，當個害羞的舞者，顯然要比害羞的演員容易許多）。很快地，她們兩人帶著一百英鎊，奧黛麗和她的母親前往倫敦，那是男爵夫人覺得女兒最有發展機會的地方。

男爵夫人是個意志堅強的人，不管怎樣，母女之間的感情也很穩固。當她們在倫敦生活的時候，愛拉傾全力幫助奧黛麗。她幫人修指甲，在花店上班，最後終於在梅費爾（Mayfair）擁有一棟公寓當起房東，以支付奧黛麗芭蕾舞課的學費，她把所有的希望都放在女兒瘦削的肩膀上。奧黛麗卻達到更遠，也許是遠遠超過她們兩人所能想像的成功境界。這一路走來，加諸於她身上的是異常沈重的擔子。雖然當時她們母女想的只是維生，但奧黛麗卻深深感激她母親為她所做的犧牲。雖然，她們在外表並不相似，但是愛拉對於奧黛麗獨特的風格塑造厥功甚偉。奧黛麗曾經表示過，有點半認真地說：「母親總是教我要站直坐正，喝酒吃甜食要節制，一天只能抽六支煙。」

雖然她們十分親密，但兩人之間仍時常存著一些緊張。愛拉年輕時總希望自己很瘦、很漂亮，成為一名演員。「現在，不是很諷刺嗎？」她有次曾對朋友說：「我的女兒卻具備了這三個條件。」奧黛麗的母親以女兒的成就為榮，她對

這些成就也不驚訝——因為這是她長久以來的期待。但是和許多母親一樣，她很難開口表達自己對女兒的愛。她總是用別的方法表達她的情感——不斷灌輸她對奧黛麗的期望，竭盡全力督促她前進。奧黛麗的朋友曾說：「沒有奧黛麗的母親，就沒有今天的奧黛麗。」

兩人之間的摩擦也是她們的脾氣使然。奧黛麗相當渴望愛情和感情——她承認自己是如此。但問題就出在，這麼一個多愁善感的女兒卻是由一個拙於表達情感的母親所養大。奧黛麗曾經以少有的自我啟示口吻表示：「我的母親是真的很優秀，但若是提到情感的話，她的確不是一個很親切的人。她是個很出色的母親，但她來自一個講究紀律與道德的世代。她的內心充滿了愛，卻無法表達於萬分之一。她相當地嚴厲。我幾乎找不到人呵護我。只有從姑姑或是保姆的身上才能得到被捧在手掌心上的溫暖。而這些溫暖一直停留在我的身上。」

當男爵夫人以奧黛麗和她的成就為傲時，她竟無法將這樣的想法傳達給她的獨生女。「想想你自己並無任何的天賦，你今天得到的，實在是很棒的成就。」這些話可以說是她最接近讚美的話語了。奧黛麗承認她自己之所以內斂，也是拜她母親所賜，也和她「渴望得到愛，熱切愛別人的慾望」密不可分。

奧黛麗甚至第一次與她的經紀人見面時，就熱情地擁抱親吻麥克布萊克（Michael Black）的兩頰。親吻你的經紀人——在好萊塢真是天方夜譚的舉動。任誰都會很高興在環球片廠與某人握手，然後抽走百分之十五的佣金（當然，我們不是說他沒這個身價。布萊克觀察奧黛麗這種無人可比的風格時，也以他獨一無二的方式表示說，奧黛麗如果穿著麻料衣服會更好看）。

她母親嚴厲的管教影響了她的一生。這一點從一九九一年她在林肯中心接受影藝學會頒給她終身成就獎時便表露無遺。她穿著紀梵希設計的禮服，裹著錦緞披肩，她對觀眾展開笑顏說：「自小我便被教導著，引起別人注意是一種沒禮貌的行為，而且千萬不要讓自己丟臉。」觀眾開懷大笑，覺得是奧黛麗一種自謙的表現。沒有人知道她的言行舉止確實是遵循著這樣的守則。

　　一九四八年奧黛麗獲准進入倫敦著名的瑪麗藍伯特（Marie Rambert）芭蕾舞校就讀，尼金斯基（Nijinsky）也曾就讀過的學校。當奧黛麗加入這個「芭蕾俱樂部」時，藍伯特年屆六十，幾乎是巔峰事業的尾聲；奧黛麗發現在這裡可能與桑德勒的威爾斯（Sadler's Wells）學校合作，甚至皇家芭蕾學校（Royal Ballet）。從此，她改名為奧黛麗赫本。

　　我們想像奧黛麗早年在倫敦的模樣，幾乎都是穿著芭蕾舞衣與舞鞋。她覺得自己是個舞者。芭蕾舞讓奧黛麗的外表亭亭玉立。從芭蕾舞中，她學得了節制的力量與專注。這些童年記憶伴隨著她的一生，甚至為她之後的人生決定了她的性格。

　　芭蕾舞為奧黛麗雕琢出無懈可擊的雍容華貴，這是她風格中最不可名狀與最強烈的部份。從奧黛麗的早年歲月中，我們知道優雅不是因為她有個法國設計師朋友或是有著削瘦側影；優雅與聰明、想像力一樣，都是發自內在的。一種最深沈的內在，她的優雅是從最細膩的姿態中烁鍊出來的——她的動作、她的聲音，甚至她簽名的方式。無論我們對優雅的定義為何，奧黛麗卻將它具體化，從她的舉手投足開始。如同她的朋友喬依烏拉（Joe Eula），著名素描家說的：「她是個舞者，所以她的一舉一動都是很協調的。她的夢幻走路方式——沒有人可以像她這樣走路。」

　　奧黛麗的優雅，一半是來自上天的恩賜。毋庸置疑地，早年學習芭蕾舞讓她可以神奇地在舞池中翩然移動。奧黛麗與可可香奈兒的優雅養成方式多少有相似之處，可可小時候在孤兒院被一群法國修女扶養長大。她們也都偏好黑色的簡單服飾，赫本也從未忘記在倫敦從藍伯特學得的屈膝舞姿。可可後來把修女道袍的形式，放進她設計的黑色香奈兒套裝上，而奧黛麗則是以藝術的形式在房間翩然優雅地走過。

　　除了芭蕾之外，奧黛麗的內心世界是迷倒眾生的原因所在。認識奧黛麗的人莫不提及她的專心。奧黛莉懷德回憶說，奧黛麗有著相當正直的中心信仰。第凡內的設計指導以及她後來的好友約翰羅寧（John Loring）也說奧黛麗意志堅強，

對於人生有著她自己的看法。「她所說的話和她所寫的一樣。她會仔細地把事情想過一遍,再慢慢地說出來,彷彿這些話是她第一次說出口似的,一點兒也不像是她早已說過千百遍的話。她總是邊想邊說。雖然是她的意見,卻不會令人覺得咄咄逼人──或許這就是讓她一直跟得上時代的原因。」奧黛麗有著禪定的力量,一次只做一件事。有個朋友回憶說:「她在試衣時,她就專心地試衣;一旦閱讀時,她便專心閱讀。如果在整理髮型時,她也不會像其他的人,一邊弄頭髮,一邊抽煙吃三明治。她對於手邊的事情一定是專心一致。」

在這方面,她和後來合作的影星弗雷亞斯坦(Fred Astaire)很類似。弗雷亞斯坦每天都花四個小時練習舞蹈,終生都維持這樣的習慣。從舞蹈上,他們都體會到專心可以讓美的力量發揮極致。他們也知道目的會使得藝術變得毫無意義,在人生中,它一點也不重要(有趣的是,和她合演《龍鳳配》的亨佛萊鮑嘉卻形容她的人格特質為:「她很重視紀律,就跟其他的芭蕾舞星一樣。」)和其他的風尚創造者,如可可香奈兒、弗雷亞斯坦、芭比波麗(Babe Paley)一樣,奧黛麗知道完美、單純與優雅才是所謂的理想典範。成就絕非運氣或偶然,它需要投注無比的專心、努力與紀律,才能夠築夢踏實。

奧黛麗的自制能力可以從她維持身材上看到最佳的例證。經過戰時物質的匱乏,在倫敦那段日子,奧黛麗終於開始飲食正常,體重增加到她所謂「臃腫」的五十九公斤。「我毫無節制地大吃,」她說。「只要是看得到的東西,無論多少,我幾乎都吃下去。我會拿著湯匙把一整罐的果醬都吃光。只要食物一出現在我的眼前,我一定會抓在手上。我很快地發胖,體重增加了十公斤。」奧黛麗決定以她一七○公分的身高,五十公斤是她的「理想體重」。靠著她的決心,她減少了麵包與甜食的攝取量,一個月之內瘦了十公斤,並且一輩子都保持這樣的苗條身材。

奧黛麗的閒適、優雅被過於誇大,但若以為她的外表純粹成之於偶然,這樣的想法也未免太天真。伊迪絲賀德和紀梵希乍見奧黛麗,他們都訝異於她可以如此洞悉自己。「對於自己,你必須要有客觀的看法,」她在事業初期,曾向她的

影迷建議說。「就像工具分析那樣地自我分析，你必須對自己坦承不虛。面對自己的障礙，不要掩飾。但你可以發展自己其他的長處。」

由於她是芭蕾舞蹈班上最高的女生，「我希望讓自己的特質成為資產，」她提到自己早年在芭蕾舞校時的歲月。「與其只會做快板組合，我另外再上課學慢板組合，這樣反而可以運用我手長腳長的優點。」正當紀梵希沒幾年的工夫便成為高級女裝設計師時，奧黛麗卻在一個欠缺熱情的芭蕾舞蹈教室習舞。

過了幾個月的訓練之後，藍伯特把奧黛麗叫到一旁，說出這個殘酷的事實：「你有很好的技巧，也可以做個老師，但你絕對不會成為首席芭蕾舞星。」奧黛麗崩潰了。多年之後，她告訴她的兒子西恩，那天她回家時，真希望自己就此消失。她的夢想已經幻滅。重述這件事時，他的聲音相當平靜，回應著他母親的痛苦。「因為她必須工作養家，於是轉行演戲，」西恩微微笑著說：「畢竟這一行也不太差。」

奧黛麗努力彌補芭蕾事業破滅後的失落。她偶爾充當商業攝影師的模特兒賺取一些外快，但因為自知牙齒長得不美，她很少在鏡頭前露出笑容。也許正因如此，更讓人覺得她有一股神祕的氣質。她也曾經擔任護膚乳液的平面廣告模特兒，所以在一千多家的藥房裡都可以看到她的照片。她於是有了一個經紀人（「或者可以說是經紀人找到我。」她一如往常謙虛地表示），並且開始在西城音樂歌舞劇裡擔任歌舞團團員，在《高跟鈕扣鞋》、《塔塔醬》（*Sauce Tartare*, 1949）與《開胃醬》（*Sauce Piquante*, 1950）裡演出。

在一張照片中，我們大概可以看到奧黛麗的轉型期，她在《塔塔醬》裡和兩個女孩子站在屋頂上。在照片中，明顯看出設計者的安排──兩位「女孩」是坐在一大塊冰塊上面，奧黛麗則徘徊在背景前。她穿著有袖套的農夫裝，在一旁笑彎了腰。她的頭髮被風給吹得亂七八糟。腳上的芭蕾舞鞋也大得不合腳。和她多年後穿著紀梵希服飾，一派成熟世故的樣子，這張照片裡的奧黛麗看起來很輕佻幼稚，好像只有十二歲大。當然，她美麗的臉龐依然有著吸引我們的一些氣質。

一年之後，一九五一年，奧黛麗終於有機會從歌舞團裡出線，在英國片《天

MARCH 1951

ABC Film Review

STORIES AND PICTURES OF THE FILMS COMING YOUR WAY

4D

Audrey Hepburn

ASSOCIATED
BRITISH
ARTISTE

IN THIS ISSUE DAVID LEWIN WRITES "CLOSE-UPS OF THE STARS I KNOW"
OLIVER LANGLEY INTERVIEWS RICHARD ATTENBOROUGH AND SHEILA SIM

Audrey Hepburn   "Roman Holiday"
                              1953

Edith Head

堂笑話》（*Laughter in Paradise*）中，開口說句台詞：「誰要抽煙？」無論這句話重不重要，奧黛麗總是有了機會。由於這個短短的露面鏡頭，英國聯合電影公司打算要和奧黛麗簽下七年合約。奧黛麗並沒有接受——她不想被任何一家電影公司綁死，特別是英國的製片公司，因為當時比較有趣的電影幾乎都是美國出品的。後來證明她這個決定是對的，因為她在巴黎飯店的大廳中被高萊特夫人相中，並在《金粉世界》百老匯舞台劇中擔任女主角。

就在奧黛麗啟程準備前往紐約，在百老匯的舞台劇中演出——劇中她扮演一個不甘做妓女的法國女孩角色——派拉蒙的英國辦事處把她的經紀人找來。他們希望她可以來試鏡：演出一個不想受到控制的歐洲公主，在某夜溜出皇宮跑到城裡去，與一名美國報社記者（由葛雷哥萊畢克飾演）邂逅的故事。這部電影由威廉惠勒（William Wyler）導演，在羅馬拍攝，並由伊迪絲賀德擔任服裝設計。所有的陣容大致底定，獨缺女主角——他們找遍歐美兩洲的演員，最後才找上她。

奧黛麗回憶說：「當時我的經紀人告訴我，有一部電影《羅馬假期》準備開拍。他們希望找沒有知名度的演員，所以找了許多女孩子試鏡。我必須去找一位名叫威廉惠勒的人試鏡。我不知道他是何許人也。有一天，約好時間我就跑到克里吉斯（Claridges）赴約。我穿上唯一比較正式的衣服到了他的辦公室。我的心裡很擔憂，不知道接下來要做什麼。他人蠻和善的。他把我仔細打量了一遍，我想我跟他會面的時間大概不超過五分鐘。」

奧黛麗在五分鐘內確實就給了威廉惠勒深刻的印象，他建議公司應該和她簽約——當時甚至都還未試鏡。他形容奧黛麗：「她給我的印象是，這個女孩子相當機靈、聰明，有天份，也有企圖心。」但是讓她擔任女主角前，他還是要確定一下，她這些個人特質顯現在螢幕上的效果如何。因為他無法親自試鏡，他安排了英國導演梭羅德狄更生（Thorold Dickinson）試鏡，也詳細指示他要如何拍完試鏡的鏡頭。後來他解釋說：「試鏡其實蠻靠不住的，有些好演員也許因為當時情境的影響，在試鏡時表現得並不好。你可能會因為她很緊張，而無法掌握到她

真正的特質。所以我就叫導演耍個詐——在鏡頭結束之後,讓攝影機繼續拍,希望這個女孩不要注意到這一點。」

當奧黛麗在倫敦郊外的松林片廠(Pinewood Studios)為《羅馬假期》裡安妮公主的角色接受試鏡時,她對好萊塢所知不多,也不知道威廉惠勒,遑論伊迪絲賀德。「那時距離我們離開荷蘭只有四年的時間,」她解釋說:「我們並不了解有哪些電影,所以我是相當地落伍。」奧黛麗只知道惠勒到英國找個不具知名度的演員,她說這一點大概是她最合格的地方。「我不知道威廉惠勒是誰,更無從知道惠勒先生往後對我的事業會有何影響。當時,我真的一點概念都沒有。」她笑著說。「我當時很嫩、很年輕,只是對於要去試鏡,並且見一些會喜歡我的人而感到興奮。」奧黛麗對於成為演員的演藝生涯並未多想,她只希望如果她認真工作,演好她的戲,或許他們就會讓她有表現機會。

他們在倫敦找的這名「小舞者」真的一點也不令人擔心。她在黑白試鏡上很迷人。而奧黛麗回憶說:「我從未演過戲,也不曾開口說過台詞。於是有個年輕人和我一起對詞。我很生澀,不知道該怎麼辦,我想梭羅德對我是有點失望。但是他並未放棄,或許這樣挽回了一點頹勢吧!他說:『我們試鏡的部份已經結束,你可以換回自己的衣服,出來之後我們聊一聊!』所以,我換上自己的毛衣和家常的寬鬆褲子,回來之後就和他開始聊天。他問了許多問題,都是有關我自己、我的工作,甚至是我在二次大戰時的種種經歷。我突然明白,原來攝影機一直都在轉動著。我抬起頭來,人就變得很僵硬。但這才是真正的試鏡。他要我盡量在鏡頭前自然而不要做作。」雖然有點害羞,也有點緊張,奧黛麗動人的雙眸還是緊緊抓住了我們的目光。她希望我們會喜歡她。看著這個沒有名氣的年輕女子,我們還是不由自主地仔細聽她訴說。我們雖不明瞭她的影響力,但她就是如此令人難以抗拒。

試鏡的帶子送到羅馬的惠勒手上,他覺得奧黛麗有凡人無法抵擋的魅力。「她就是我尋覓多時的人,」他回憶說:「她是如此富有魅力、有天份且清純可人。她絕對是一個令人神暈目眩的人。」派拉蒙同意並緊急發電報給倫敦的製片

AUDREY STYLE

總監理查米蘭（Richard Mealand）：「啟用這位新人。試鏡結果是好萊塢、紐約或倫敦最好的一次。」奧黛麗被要求改姓，以免和凱瑟琳赫本的姓衝突。她拒絕了。如果派拉蒙要用她的話，他們勢必要接受她的姓。

　　奧黛麗得到了這個演出機會，四十六年之後，葛雷哥萊畢克輕柔的聲音帶著我們走進那個羅馬的夏日回憶中。「奧黛麗絕對是個好心腸的人，她從不會刻薄別人或對人小氣——這是她的個性使然。她有很好的個性，我想人們也很喜歡她這一點。她的個性中絕對不會暗箭傷人、貪心、小氣或是說人閒話，在這一行裡這是常見的行為。我很喜歡她，事實上，我愛奧黛麗。像她這樣的人，你很難不愛上她的。」

　　這就是她的未來。當時奧黛麗並不知道未來會怎樣。她對於派拉蒙決定讓她擔任《羅馬假期》的女主角，反應得相當謙虛。她先是第一次演百老匯舞台劇就擔任女主角，現在又有這樣的機緣。這一切都遠超過她的想像。初抵倫敦時，她的心願是要穿上舞鞋，在科芬花園（Covent Garden）裡表演芭蕾。如今她整理行囊，準備搭乘《瑪麗皇后號》（Queen Mary）的頭等艙，會見紐約《金粉世界》的製作人。那年她二十三歲，她知道她的人生即將有重大的轉變，卻不知道會變成怎樣。「上帝幫助我渡過一切難關。」她在內心暗自祈禱著。

奧黛麗與賈姬

「從小看一生，」米爾頓（J. Milton）這樣寫著：「觀日出而知全天。」奧黛麗小時候喜愛的東西，終其一生如影隨形地跟著她。她熱愛芭蕾舞、巧克力（她在荷蘭解放之後，把一個英國士兵送給她的七條巧克力全部吃光，後來便生病了），之後，則是喜歡上香煙。「你可以想想看，」她的設計師朋友傑佛瑞‧班克斯（Jeffrey Banks）說：「當時這個士兵給的可是赫喜（Hershey）巧克力和香煙。或許現在這些東西很便宜——別忘了，當時大家都很窮，沒有錢買這些東西。」

有趣的是，另一位時尚界的代表人物，賈桂琳‧甘迺迪‧歐納西斯也和奧黛麗有著相同的嗜好。她是美國芭蕾劇院（American Ballet Theatre）的贊助人，喜歡在海灘上享受巧克力甜筒冰淇淋；當攝影師的鏡頭對著她時，就把香煙藏在身後。這兩位女性除了有著年輕人的夢想之外，她們有著許多相同之處，和些許差異。

奧黛麗與賈姬都生於一九二九年。大家都覺得她們有一雙大腳，雖然我們不知道賈姬是否自覺到這一點。

賈姬喜歡誇大她的血統（事實上，她愛爾蘭的血統多過法國），讓大眾與姻親們覺得她出身尊貴（她曾經在寫給奧雷格卡西尼〔Oleg Cassini〕的字條上，稱別人是「牙醫師太太們」）。奧黛麗則是荷蘭貴族的後裔。

賈姬醉心於成為一名演員。一九五六年時，維達爾（Gore Vidal）曾帶她到曼哈頓第八街演員群聚的住所，介紹她是「華納公司新進的女孩」，使她精神為之一振。沒有人認識這位參議員太太——天啊！大家可能還是覺得她是牙醫太太吧。至於奧黛麗赫本，從演出《羅馬假期》到一九五四年得到奧斯卡獎之後，她不僅是派拉蒙的新進演員，她成為眾所公認的最閃亮人物。

賈姬是個技術純熟的騎師，直到一九九三年的感恩節，她依然可以在維吉尼亞的上谷（Upperville）騎馬打獵。相反的，奧黛麗在拍攝《恩怨情天》（The Unforgiven）時，曾經從馬上摔下來。因為當時她剛懷了身孕，所以她並不願吃鎮定劑，還擔心在告訴她先生——梅爾法拉（Mel Ferrer）之前，就讓他知道她墜馬的事。奧黛麗足足臥床一個月，忍受著脊椎摔傷、下背肌肉拉傷與腳扭傷的痛苦。在養傷期間，她還對一百多張的慰問卡發出回信，並把那匹馬的照片裱在

白色皮革製的相框裡，放在床頭櫃上（跟梅爾和他小孩的照片擺在一起），告訴朋友們不要責怪那匹馬。

奧黛麗和賈姬一樣，都嫁給那些有魅力、自以為是，也許是相當殘酷的人，維持著辛苦的婚姻。在艱辛的感情步調上，兩個人都是被丈夫擺在最後才會想到的人。經過兩次婚姻，兩個人終於都找到崇拜她們、真心愛她們的人——但都一樣沒有再婚。她們同樣育有兩名子女，也許可能的話，都可以有更多的子女，而且以做母親為榮。賈姬曾說：「如果你連小孩都養不好的話，那麼你做的其他事，也都顯得不重要了。」

寶麗美隆曾說，賈姬和奧黛麗的風格裡有一些很明顯的相同之處——「她們穿衣服都很簡潔，不喜歡裝飾繁複或穿戴得閃閃發亮。這是美國上層社會白種人最精緻的穿著方式。」她們一樣有著時尚界的穿著模式：在公開場合時穿著正式的法式套裝，而休閒時，穿著套頭高領衣服和寬鬆的長褲。她們幾乎都在同時期鍾情於范倫鐵諾(Valentino)的衣服（賈姬於一九六八年嫁給歐納西斯時，穿著米白色的范倫鐵諾新娘蕾絲禮服），而且她們終其一生，都保持著一貫的風格，喜歡輕便的卡其褲、T恤和平底鞋。

賈姬成為第一夫人（這是她極其討厭的稱謂，她覺得這聽起來像一匹賽馬），最後成為歷史的傳奇人物。奧黛麗亦然。

她是第一位不以性感取勝的人。

——辛西亞羅麗（Cynthia Rowley）

我根本沒有時間爲自己添置行頭，
我有兩件晚宴服和一些便服，兩者之間就有很大差異。

——奧黛麗赫本

年度風雲女性

「奧黛麗要到鎮上來了，」奧黛莉懷德回憶說：「這時每個人都想減輕十磅。」這個城市就是好萊塢，而奧黛麗當時因為飾演《羅馬假期》安妮公主一角而贏得奧斯卡最佳女演員獎，這也是她第一次在大螢幕上擔綱。對於迎接這位討人喜歡的美女的影迷而言，大家都覺得她在螢光幕上表現得非常耀眼出色。雷夫羅蘭自己就坦承說：「從《羅馬假期》開始，我每看一部她的電影，就與奧黛麗墜入情網。我扮演著每個男主角的角色——我是葛雷哥萊畢克，我是威廉荷頓，我是亨佛萊鮑嘉，我是她的頭號影迷。」

正如奧黛麗會立即贏得觀眾的喜愛，她對時尚造成的效應也像旋風一般地蔚為風潮。《紐約時報》（New York Times）曾經觀察說：「女孩們一見到《羅馬假期》裡奧黛麗赫本的打扮，幾乎有一半的年輕女孩不再把內衣填得滿滿的，也不再蹣跚地踩著像鑽孔錐般細的高跟鞋走路。」在影片中，安妮公主輕盈地在群眾中走動，穿得就像一九五二年左右的北方女孩。她在腰間繫上寬版腰帶，穿著圓裙，棉質鈕扣襯衫；捲起袖子，脖子上繫著絲巾，這樣的打扮就像家教良好、初次到羅馬旅行的大學生。儘管她的風格簡單大方，但奧黛麗卻對數以百萬計的女性開啟了最具現代感的風貌。在與賀德的合作下，她發展出一種讓年輕女子爭相模仿的成熟典雅打扮。

《羅馬假期》的最後一幕，有記者問公主，在她這趟旅程中，最值得她回憶

的城市是哪一個。整個房間霎時變得悄然無聲，大家都等著她的回答。

「羅馬，」她最後說了出來，字正腔圓地說著，眼睛看著葛雷哥萊畢克。沒有哪個歐洲城市可以這樣動人心弦，充滿著愛與回憶，卻又讓她懷抱著失落感。「羅馬。」她可能也會真誠的說出；「費洛加莫」。因為在羅馬，奧黛麗發現了製鞋大師薩爾瓦多・費洛加莫（Salvatore Ferragamo），從此，她一輩子都是他的忠實顧客。在剛出道時，奧黛麗穿著他設計的高跟鞋，六十歲時依然穿著他的藍白色的平底鞋。

奧黛麗會喜歡上費洛加莫的鞋子，並不令人訝異，因為幾乎二十世紀中期所有講究穿著的女性都是他的顧客，包括蘇菲亞羅蘭（Sophia Loren）、葛麗泰嘉寶（Greta Garbo）、溫莎公爵夫人（the Duchess of Windsor）、可萊兒露絲（Claire Boothe Luce）、愛娃嘉納（Ava Gardner）與羅倫白考兒（Lauren Bacall）等人。鞋子是費洛加莫一生最醉心的東西，他精心製造出匠心獨運、華麗卻舒服的鞋子，而這也是義大利馳名世界的產品。

在拍片期間，《羅馬假期》花了整整六個月的拍攝時間，充裕地讓大家可以去逛街買東西。「惠勒希望慢工出細活，」葛雷哥萊畢克事後回憶說。「每一幕都要大家都滿意之後，我們才會正式開拍，一點都不趕。」對每個人來說，《羅馬假期》是個特殊的工作經驗。「六個月的時間，」畢克坦言道：「在那部童話故事裡，她是公主，我則是報社記者。我覺得我們和導演都開始相信這個故事了——有趣的鏡頭很逗趣，感傷的鏡頭則令人感到悲傷。」

拍攝期間，奧黛麗仍然不知這部片子的演員排名如何，但一些有經驗的演員都知道她應該排在哪個位置。在開拍的幾個星期後，葛雷哥萊畢克問他的經紀人該怎樣排名。「《羅馬假期》——葛雷哥萊畢克主演。」畢克說：「你不能這樣做。她的排名應該和我一樣。電影講的不是記者的故事，而是關於公主的故事。」每當有人覺得他很慷慨地讓一個無名小卒和他聯合掛名，畢克都會笑笑說：「我想我是比較好管閒事吧！」好萊塢同意了他的判斷。當《羅馬假期》造成轟動之後，邀請奧黛麗拍片的片約蜂擁而至，她再也不必為工作的事情發愁了。她很快

地又與亨佛萊鮑嘉、威廉荷頓合演《龍鳳配》，和弗雷亞斯坦合演《甜姐兒》，與賈利古柏（Gary Cooper）合演《黃昏之戀》。她對於時尚的影響力至今仍風行不墜，而在每部片子裡，她還是像第一次出現在螢光幕上一樣，繼續穿著她的圓裙與平底鞋。

　　奧黛麗對於時尚的影響並不止於一九五三年的崛起，直至今日，她都有著無比的影響力。事實上，在這部影片上映至今三十年後，當葛雷哥萊畢克和他妻子前往北京參加《羅馬假期》在中國的放映時，「當我們步出飛機時，」畢克回憶說：「我看到四十個和《羅馬假期》安妮公主一模一樣打扮的女孩，她們都留著瀏海，留著赫本頭，裙長到小腿，還有襯衫——我想她們很渴望見到年輕時代的葛雷哥萊畢克，結果卻是一個頭髮灰白，嘴裡叼著煙斗的老先生。」畢克深信奧黛麗造成的時尚旋風，是因為她是一個「風格與內涵並具的人，她帶給電影一股清新的氣息。她具有歐洲貴族的教養，有個荷蘭籍的母親與英國籍的父親。你也會記得她曾經經歷過戰爭與納粹的統治，所以她和一般的美國人不一樣。她的歷練使她風格獨具，而這些不同的特質也正是她吸引人的地方。」

　　有些評論認為奧黛麗對時尚造成的影響純粹是天時之利：她崛起於一九五○年代，當此之時，正好整個社會都可以接受定義廣泛的美麗標準。其他的評論認為，她受歡迎的時間正好與艾森豪時代同期，是一個社會繁榮昇平的時期。但隨著時間的消逝，更證明奧黛麗的風格效應幾乎不因為她的年齡漸長而與日消褪。當然，有一部份原因是奧黛麗魅力獨具，因為她不像是鄰家的加州女孩。她的黑色高領衣服、緊身長褲、平底鞋、討人喜歡的髮型，還有那隻她走到哪兒跟到哪兒的狗，這樣的風格毋寧是相當歐式的。美國影迷初次認識的是安妮公主，奧黛麗赫本給人異國風味——而非性感——與當時好萊塢推出的瑪麗蓮夢露（Marilyn Monroe）和珍曼斯菲（Jayne Mansfield）那種金髮碧眼的性感尤物迥然不同。她的好友以及工作夥伴，羅傑摩爾（Roger Moore）有次曾經說：「奧黛麗賦予美麗一種全新的概念。五○年代的電影明星看起來都像拉納透娜（Lana Turner）或是愛娃嘉娜。接著出現了奧黛麗這種有著大眼睛、流行感十足的人。她之所以

獨特，是因為她誠實、真摯以及有趣。」

　　比利的太太奧黛莉懷德，在她先生執導《龍鳳配》時與奧黛麗成為好友，之後，她搬到好萊塢。像赫本一樣，她對時裝情有獨鍾——直到現在，她還能與《時尚》（Vogue）雜誌的編輯討論卡爾拉格斐（Karl Lagerfeld）設計的精妙之處。她相信即使是到超市去，還是應該好好打扮；她和比利懷德一樣非常慷慨，曾把香奈兒套裝送給珍妮佛葛倫（Jennifer Grant），卡萊葛倫與黛安卡儂（Dyan Cannon）的女兒，因為「她是個小女孩！衣服穿在她身上比穿在我身上好看——我也不知道當時為何要買下這件衣服。」

　　奧黛莉懷德對於奧黛麗在螢光幕下的穿著有不同的見解。「奧黛麗對於時尚界有一定的影響力，而且她對衣服的質感一點也不馬虎。如果她穿的是襯衫的話，那必定是一件質料一流的襯衫。或是一頂最好的帽子。但是她要的樣式都很簡單——我指的是，她在做園藝工作、煮飯或是其他事情時。」這兩個人常常逛威爾夏大道（Wilshire Boulevard）上一家傑克斯（Jax）服飾店，就在比佛利威爾夏飯店（Beverly Wilshire Hotel）的斜對角。如果奧黛麗不需要穿得很正式時，她比較喜歡實穿的衣服。「這家店推出一種天鵝絨褲裝。這是奧黛麗最喜歡的衣服。」懷德太太記得很清楚：「她會一次買很多套，因為價錢十分便宜——長褲四十元，上衣六十元，各種顏色都有——黑色、咖啡色、粉紅色、綠色、藍色，你也可以搭配著穿。她喜歡這樣的穿法，所以一次都買很多件。每個從歐洲來的人都喜歡這樣的搭配方式。穿起來很好看，式樣簡單，只有三、四個鈕扣，外加一個可愛的小口袋。幾乎人手一件，吊架上的衣服很快就銷售一空。」

　　攝影師鮑伯威勒比（Bob Willoughby）曾經與奧黛麗赫本以及當時許多影星合作過，他對傑克斯顯然有著截然不同的印象：「那個地方的定價是不可能合理的。當時，那裡是很高檔的地方。店員通常打著赤腳，也不太會搭理客人。他們都站在櫃台後面，對於不認識或是沒有知名度的人是相應不理的。」威勒比相信他自己之所以會得到良好的服務，是因為他借用他們的場地替《生活》（Life）雜誌拍攝時尚照片，而且他認識店東。

　　設計師辛西亞羅麗與雷夫羅蘭一樣，初次見到《羅馬假期》（一九七○年代早期在電視播出）裡的奧黛麗，便覺得與她十分投緣。「其他的影星像蘇菲亞羅蘭，或是瑪麗蓮夢露可能會吸引我的目光，但我覺得我絕不可能像她們一樣。她們是男人理想中的美女，至於奧黛麗比較像是女人心目中理想的美女。她具有一種更親切、更容易讓我認同的特質。」

　　奧黛麗的魅力和當時那些性感女孩是截然不同的。《龍鳳配》的導演兼製片比利懷德就是看上她的成熟與吸引力，他說：「光是這個女孩就足以讓人緬懷過去時光。」懷德也了解奧黛麗對觀眾的魅力並不僅止於她所引導的時尚。「她吸引住每一個人。她也會說一些不正經的話，但她說得很優雅，讓你在任何情況下都無法會錯意。」

　　但是奧黛麗風格的吸引力中必定有一些性感的元素。對於當時熱衷於卡美洛（Camelot）、甘迺迪家族與六○年代樂觀主義的新美國而言，她的性感顯得細緻而成熟。「性感是一種深藏內在的感覺。只能意會，不能言傳，」奧黛麗自己覺得。「我不像蘇菲亞羅蘭或是珍娜露露布里姬妲（Gina Lollobrigida）那樣體態豐滿，但有些性感並不一定是外在的。我不必用臥室證明我的女性特質。我可以穿得緊緊的，在樹上採蘋果，或是佇立在雨中，也能顯現出魅力。」如同辛西亞羅麗說的：「奧黛麗是第一位不靠性感取勝的人。」

　　這個幾年前還在努力學習芭蕾的學生長大了，一天天出落得更加成熟，也更有自信。這樣的轉變很神奇，而這也是奧黛麗「一夜成名」的原因。她平步青雲，一炮而紅，像灰姑娘一樣；之前沒沒無聞，卻突然竄紅。曾與奧黛麗合作過《甜姐兒》《謎中謎》與《儷人行》（Two for the Road）的導演史丹利杜寧（Stanly Donen），也有同感：「我第一次看到奧黛麗，是在她演出《羅馬假期》時。我一生少有的驚艷的感覺立刻湧現出來——好比我第一次見到弗雷亞斯坦，第一次見到馬龍白蘭度（Marlon Brando）。顯然，她對我而言，也將跨入熠熠巨星的行列：卓別林（Chaplin）、亞斯坦、白蘭度，與他們平起平坐。」

　　亨利陸斯（Henry Luce）對奧黛麗也有著同樣的想法。一九五三年九月七

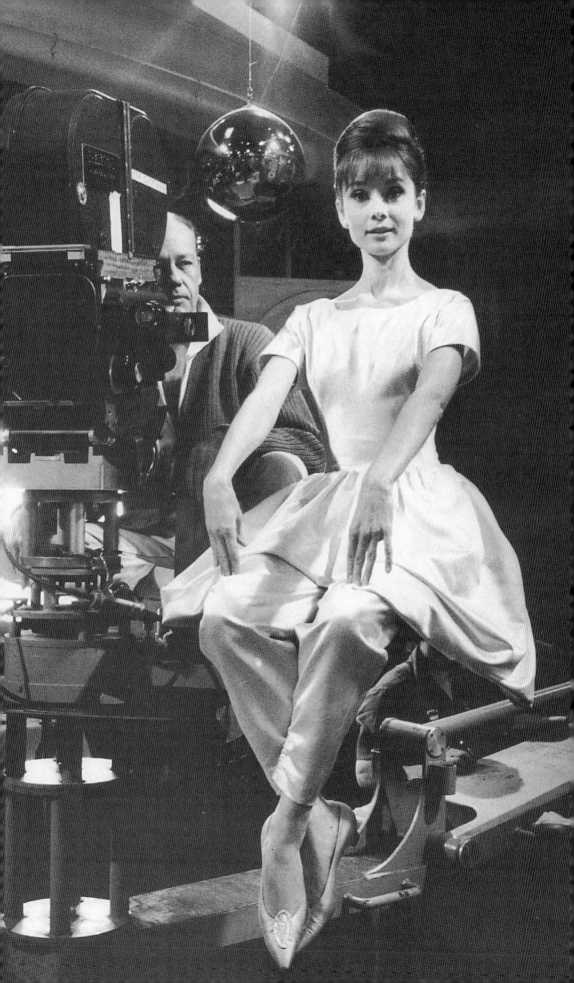

日，奧黛麗成為《時代》（*Time*）雜誌的封面人物，這也是該雜誌對才華初露新星少有的禮遇。同年，《生活》雜誌評選她為年度風雲女性。該期雜誌的標題是〈誰造就了奧黛麗的驚人魅力？〉答案是：「奧黛麗向定義挑戰。她是這世上的女性，也是個流浪兒。她不分遠近，和善待人，卻又對陌生人十分冷漠。」奧黛麗淺褐色的眼中隱藏著神祕，其他的影星則是大喇喇地；顯然，奧黛麗另有一番人生經歷。

一九五三年，當赫本與梅爾法拉在《羅馬假期》的首映相識後，她的人生變得更加有趣了。法拉是葛雷哥萊畢克在赫拉影片公司（La Jolla Playhouse）的好友。畢克當時在倫敦拍攝《夜歸人》（*Night People*），而法拉則是在松林片廠拍米高梅的《圓桌武士》（*Knights of the Round Table*），畢克向梅爾提議去參加奧黛麗母親在梅費爾公寓裡辦的派對。

攝影師希索‧畢頓當時也參加了這個派對，他在日記裡寫說，梅爾是個「迷人、瘦高的帥哥，他向我說奧黛麗是全場最美麗的人。」奧黛麗對梅爾必定也深有好感，雖然他結過兩次婚，有四個小孩，而且還比奧黛麗大上十二歲。但他不久後便打電話給奧黛麗（在畢克的建議下），他們很快就在一起了。梅爾是個想像力豐富、具有天賦、不屈不撓的人，他立刻就感受到奧黛麗的與眾不同。他也不想錯過這樣的好女孩。

從高大自信的梅爾身上，奧黛麗覺得自己已然找到了心目中的白馬王子。在別人的眼中，這似乎是個美麗的錯誤。列名在社會名人錄上，普林斯頓大學畢業，讓人印象深刻的是——當大部分的片廠老闆都只是受三流教育的皮貨商，梅爾站出來，的確引人注目。他還集製片、導演、演員的身分於一身，是個具有社會地位的人。

當時羅絲瑪麗克隆尼（Rosemary Clooney）和奧黛麗都是派拉蒙的新人。羅絲瑪麗正在拍《白色耶誕》（*White Christmas*），而奧黛麗則在拍《龍鳳配》。兩人的化妝室就在隔壁，於是結成好友。

「那時，我已經嫁給約瑟法拉（José Ferrer），他和梅爾沒有親戚關係，」克

隆尼回憶說：「有天晚上我邀請奧黛麗到我家吃飯。當時只有我們兩個人，吃飽了飯坐在客廳看電視，她問我：『你覺得梅爾法拉這個人怎樣？』我說：『喔！天啊，他很可怕——誰擋了他的路，他就會把對方擠開。為達目的，他不惜強迫女人，他很壞。』」

「她什麼也沒說，只是沈吟不語。」

「後來她回去了，我對約瑟說：『我覺得我說錯了話……。』」

「他問我：『怎麼回事？』」

「我說：『她問我覺得梅爾怎樣，結果我全說了。』」

「約瑟說：『這下子你可錯了！』」

「為什麼？」

「她和他在約會。」

奧黛麗與羅絲後來會拿這件事來開玩笑，奧黛麗最後也原諒了她。事實上，梅爾和奧黛麗還租了法拉夫婦在麗池（Pond Ridge）旁的渡假別墅，他們兩人從一九五四年二月到六月登台演出百老匯舞台劇《翁蒂娜》（Ondine）時。

雖然奧黛麗母親極力反對，梅爾與奧黛麗之間的感情越來越要好。他們一起住在村莊小屋，也同台演出《翁蒂娜》，這齣劇描寫的是水中精靈與一個無法忠於她的武士，兩人之間的故事。在那段期間，梅爾帶著奧黛麗接觸爵士樂與紐約的夜生活。他們兩人都是科沃（Noel Coward）的書迷。在八月，梅爾三十七歲的生日，奧黛麗送給他一隻白金勞力士手錶，上面刻著科沃的書名：「愛上男孩」。

演出《翁蒂娜》之後，奧黛麗得到了東尼獎最佳女主角獎，他們於一九五四年九月二十四日在瑞士結婚。或許，奧黛麗一直都在害怕沒有人會向她求婚，她非常高興可以嫁給梅爾。「就像小孩子一樣，」她後來承認說：「我覺得自己醜得沒有人會願意娶我當妻子……，這也是為什麼我常告訴梅爾說：『因為你，我終於可以嫁得出去。』」奧黛麗結婚當天穿著白色皮爾帕門（Pierre Balmain）的禮服，頭上戴著用玫瑰編織成的頭冠，手上戴著白色手套。新婚的法拉夫婦在義大利亞巴諾（Albano）渡蜜月，此地距羅馬約二十哩，梅爾記得有一堆狗仔隊和

新聞記者亦步亦趨地跟著他們——他們甚至得在租來的鄉村農舍外加上層層籬笆，才能換取片刻安寧。

在他們結婚三年後，即一九五七年，奧黛麗拍了《甜姐兒》，這部片中的高級女裝使得許多設計師競相投入時裝設計界，這是別的片子不曾有過的情形。傑佛瑞・班克斯第一次看到這部電影時，是他十一歲，在華盛頓特區看到的。他在喬治城M街一家專播二輪電影的圓環戲院（Circle Theater）看到這部片，另外一起播映的是李絲莉卡儂（Leslie Caron）主演的《孤鳳奇緣》（Lili）。傑佛瑞拉著母親一起看，結果他母親看了兩遍這兩部電影。「從那時開始，」他記得：「我被奧黛麗深深吸引了，從此我就從事設計這一行。」

剛從紐約巴森設計學校（Parsons School of Design）畢業的依薩克米茲瑞西（Isaac Mizrahi）向班克斯表示希望可以到他公司上班。這個人才華洋溢，班克斯看了一下依薩克的素描簿，當下就決定雇用他。如果他願意待上一年的話，那班克斯就真的賺到了。有天，他們在工作室裡聊天，突然提到了《甜姐兒》。依薩克坦承說他沒看過這部電影。「如果你連《甜姐兒》都沒有看過，怎麼有資格稱自己為設計師呢？」傑佛瑞驚呼。這個年輕人是個天才，但是還要再訓練。傑佛瑞立刻跑了出去，借了一捲錄影帶回來。依薩克很喜歡《甜姐兒》，說奧黛麗影響了他對美國休閒服飾的看法。事實上，在依薩克把注意力轉到電影和好萊塢之前，就已經是當代最受喜愛的設計師之一。

史蒂芬史匹柏（Steven Spielberg）小時候在亞歷桑納鳳凰城的露天電影院看《甜姐兒》時，還被他的父母抓出來痛罵一番；他導演了奧黛麗赫本最後的一部戲《直到永遠》（Always）。在他見到奧黛麗的剎那間，他就被迷住了。他們的世界真是令人嚮往。那一晚，他愛上了奧黛麗，當她看著攝影機對著觀眾時，他覺得奧黛麗也在回應著他的愛。奧黛麗演戲的天賦，從只要凝望著她，全世界的人都會和史匹柏一樣有同感。這一點就可以看出她精湛的演技。

《甜姐兒》這部浪漫電影是與弗雷亞斯坦一起主演，故事背景在巴黎，說的是高級女裝設計師的故事，這似乎是為奧黛麗量身定做的電影。起初，她的經紀

人寇特富林斯（Kurt Frings）很生氣地回絕了，覺得這種「無聊的歌舞片」和奧黛麗的巨星形象一點也不搭嘎。但是當劇本送到奧黛麗的手上時，她連著讀了兩個小時。「我是在巴黎讀到劇本的，」奧黛麗回憶說：「我立刻就愛上這部戲。故事很迷人，最棒的是可以跟弗雷亞斯坦一起跳舞。」奧黛麗本人很喜歡，甚至她的母親還告訴編劇里奧納喬許（Leonard Gershe），她真不敢相信，這樣的劇本是一個根本不認識她女兒的人寫的。

但在這燦爛的遠景中，卻出現了一個小問題：伊迪絲賀德又被指派擔任這部電影的服裝設計，杜寧這麼表示。「伊迪絲賀德怎麼可以擔任時尚片的服裝設計呢？」奧黛麗和杜寧很快就同意紀梵希是唯一的人選，而讓伊迪絲賀德擔任凱湯普生（Kay Thompson）的服裝設計。湯普生本人對設計也頗有心得，自是相當不高興。

一旦服裝的問題敲定之後，大家知道男爵夫人並未看走眼。《甜姐兒》在許多方面幾乎不可思議地預言了，奧黛麗後來蔚為風尚的風格和明星架勢。在這部片中，喬史達克頓（Jo Stockton）這個大城市裡的一個書蟲，被黛安娜芙麗蘭（Diana Vreeland）式的雜誌編輯發掘，另一位魅力十足的時尚攝影師，則是由溫文儒雅的弗雷亞斯坦，飾演真實生活中李察艾弗登（Richard Avedon）的角色。然而，在巴黎的薰陶之下，喬史達克頓蛻變成為一個充滿自信的封面女郎。當沙龍秀的簾幕拉起，奧黛麗走了出來，像埃及的公主一樣昂首挺立，身後則是紀梵希設計的黎明背景。觀眾愛戴她的掌聲如潮水不斷。我們屏息等待奧黛麗的出現。我們終於見識到時尚與電影的力量。當然還有奧黛麗四射的巨星魅力。

我們只要想想看名攝影師李察艾弗登為奧黛麗在片中所拍的照片，就可以看出她對時尚界具有無遠弗屆的影響力：在羅浮宮前面，她穿著細腰的黑色洋裝，捧著一束色彩繽紛的氣球，彷彿她自己隨時也會跟著氣球飄起來；她站在火車旁，穿著那件毛料套裝，抱著她的寵物──「出名」（Famous），提著時髦的白籐行李箱，被周圍的煙霧與神祕環繞著。即使和弗雷亞斯坦跑到煙霧繚繞的貧民窟酒吧裡，她在黑色套裝上加了A字剪裁的雨衣，這些經典照片裡，奧黛麗都是出

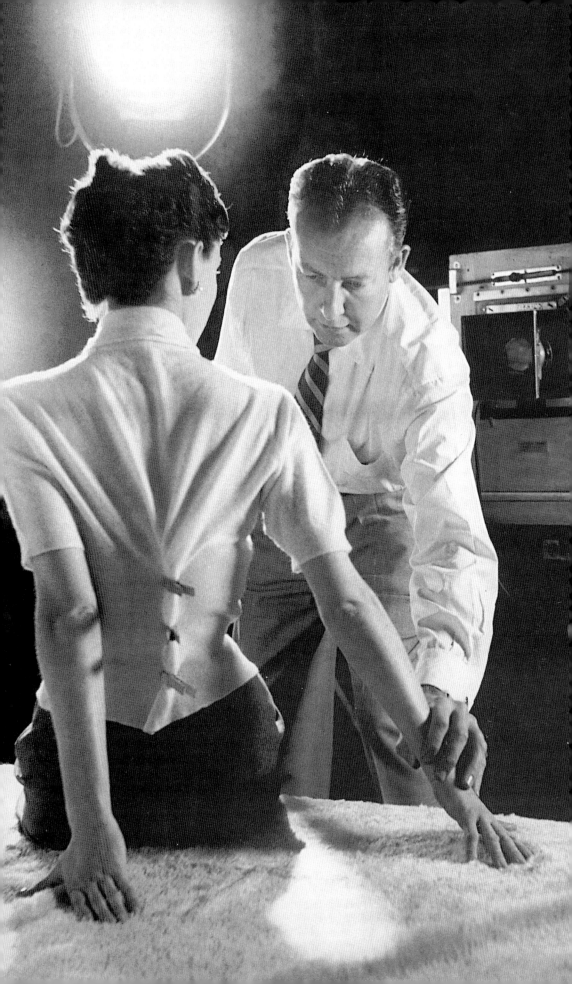

色無比。

　　弗雷亞斯坦飾演的角色——迪克艾弗瑞（Dick Avery），其實就是李察艾弗登的化身，他把醜小鴨變成天鵝的部份，便是影射奧黛麗早期當模特兒的經歷。「三十六年前，我抵達美國時，首先見到的便是自由女神像，」奧黛麗回憶說，她在一九八九年將美國服裝設計委員會（CFDA）的終身成就獎頒給李察艾弗登。「第二個見到的是——李察艾弗登。在我知道以前，我就已經在他的照相機快門前了。他的閃光燈不停閃爍，伴隨著悠揚的音樂；李察會在一分鐘之內不斷地拍照，像蜂鳥般不停地變換各種角度……，因為李察，我可以展翅自由翱翔，站在蒸汽的雲端上，在雨中淋溼，甚至一路從樓梯上飛奔而下，卻不怕把脖子跌斷。」

　　寶麗美隆當時是黛安娜芙麗蘭年輕的服裝助理，曾經與李察、奧黛麗一起為《哈潑時尚》雜誌拍攝照片。「她真的很迷人，無論穿哪一件衣服都很棒……，李察也很棒，特別是幫奧黛麗所拍的照片更棒，他只要拍她坐著喝茶或是咖啡的樣子，就足以讓大家神魂顛倒。」和奧黛麗工作並不需要具備任何應付明星的特別技巧。「我們年紀差不多，她很有魅力，」美隆回憶說：「舉止優雅。但當時，大家幾乎都是在這樣的教養下長大的，那個時代不同，講求的是優雅與禮貌。」

　　奧黛麗愈具信心後，她就更了解在攝影師面前要擺的各種姿勢，其實就像導演、服裝設計師、化妝師一樣，大家都是合作者。她和他們一起努力地在大眾面前呈現出她最美好的一面。鮑伯威勒比是奧黛麗初到好萊塢時一起共事的攝影師之一。一九五三年有一天他接到經紀人的通知，要他到派拉蒙為一個新人拍照，而這名新進的演員剛在羅馬和葛雷哥萊畢克合作了一部電影。據說那部電影很不錯。

　　「我去到那裡，」鮑伯記得：「看到她，覺得她真是特別——和一般好萊塢的新星截然不同。我對她印象深刻，覺得每個人對她的態度也不一樣。如果你擔任過工作人員，像是服裝、化妝人員的話，你就知道他們對她與對待其他新星的方式不同。他們小心翼翼地對待她，只要奧黛麗出現，你永遠不會忘記她。」

　　「我想這是因為奧黛麗自己是個淑女的關係。你知道她不是公主，但你就是

會對她好一點。她的格調可能是一般年輕美國女孩子所缺乏的。而且大家都知道她始終都具有這樣的格調。不只是在我認識她，以及大家共事的那幾年。無論是在歐洲或美國，人們對她都相當地尊敬。我從未見過哪個人可以像她這樣得到朋友的愛戴。」

奧黛麗對這些照片是否會有她自己的想法呢？威勒比說奧黛麗很信任他——一旦得到她的信任之後，她可以為他做任何事。「奧黛麗會接受她所有的劇照，自己再看過一遍。她還會看我最近的作品。我們之間可以達成共識。她只要點點頭就好，根本不須開口，我就可以感覺到她的想法。」

席得艾弗瑞（Sid Avery），另一位在奧黛麗剛出現影壇時的好萊塢攝影師也說：「奧黛麗對於自己該呈現的風貌，以及如何在鏡頭前顯得耀眼，都相當有概念。她從不會強人所難，但是，我知道她的建議大多經過深思熟慮，並且能讓作品更有質感。」

「我總覺得拍她的照片，就像在拍自己的女兒一樣，她像是多年以前就跟在我身邊。和她在一起會覺得很自在，」他還記得四十年前第一次見到奧黛麗的情景。「你從來不會覺得自己被打斷，或是你不應該做這件事。」

「奧黛麗有時會很頑皮，但她就是這麼漂亮。其他的名人可能要倚賴肉體上的條件——如豐滿的胸部或是身材，但她卻不會把這些看得很重要，因此，我覺得她很了不起。你不必在意自己的外表，你只要在意自己的人品。」

鮑伯威勒比也覺得是奧黛麗的人品，使得人們對她的美貌如此著迷。「她的個性和大部份的人一樣——是學也學不來的。這是與生俱來的特質。她天生就是如此獨特不凡。像威廉荷頓或傑克李蒙（Jack Lemmon）——這些都是我很喜歡共事的人。他們也是我願意邀到家裡吃飯作客的人。好萊塢裡百分之九十九的人，我都不會把他們帶到我家去，但奧黛麗是一個我很樂意招待的貴賓。」

奧黛麗在她渴望成為芭蕾舞星那幾年所培養的自我要求，對她後來與紀梵希共同創造獨特的視覺標誌，以及與導演、攝影師共事時，有極大的幫助。她很直

覺地知道哪些東西適合她，並勇於拋棄不適合的東西。就像瓊克勞馥（Joan Crawford）懂得利用寬肩的衣服平衡她過大的臀部，赫本也將她的優點發揮到極致。與其掩飾她自己所說的「皮包骨」，她和紀梵希創造了一個強調她的纖瘦、高挑與流線的形象。同樣地，她會親自挑選照片，以傳達自己最好的形象。她會挑出那些別人覺得有瑕疵的照片，並把它們拿到最前面；她也喜歡穿著黑色或是單色的衣服、緊束腰身和合身的長褲，讓人注意到她最纖細的部份。她在建立現代美感的定義上也相當成功，《時尚》雜誌就尊稱她是「當今最正點的女孩」「深深吸引眾人的想像力與掌握當代的風潮，能夠建立美學的新標準，每個人爭相模仿的『赫本形象』。」

　　儘管她的教養很好，奧黛麗赫本對於自己要穿什麼或是不穿什麼，可是相當地堅持。這一點從她決定要紀梵希取代伊迪絲賀德出任《龍鳳配》服裝設計一事，就可以看出來。由於，她對自己的缺點與特質研究得很透徹，她發展出個人風格的穿著規則，並且奉行不渝。事實上，和史丹利杜寧在拍攝《甜姐兒》時，當他反對她認為很有道理的事時，發生了一次令人記憶深刻的爭執。杜寧回憶說：「奧黛麗和我都同意穿著黑色緊身褲，黑色毛衣與黑鞋。我希望她穿白色的襪子，但她卻嚇到了。『我絕不穿白襪子。』她斬釘截鐵地表示。『這樣會破壞整個黑色的線條，而且我的腳看起來會不連貫。』我說：『如果你的襪子不是白色的話，你會整個人都被背景吃掉，你的動作會看不出來，而且整場舞蹈就會顯得枯燥無趣。』她哭了起來，跑到更衣間。過了一會兒，恢復平靜後，她換上了白色的襪子，走進佈景裡，繼續拍戲不再啜泣。」

　　「後來，」杜寧說：「當她看到這一幕時，她遞給我一張紙條說：『你是對的！』」至於奧黛麗，她說她哭的原因並非是得穿上白襪子。「我不太記得當初為什麼會這樣激動，」她說：「但是史丹利應該了解我很在意自己的外表，而且背後的原因其實還挺複雜的。我一直都不曾對史丹利說清楚，因為其中有一些他無法理解我為何會生氣的原因。你知道嗎？從小，我對於自己的大腳就有錯綜複雜的心結──我穿八號半的鞋子──而且和我一起長大的女孩，都是一些個子嬌小的

芭蕾舞者。我總是最高的，如果我穿上白襪子的話，人們就會注意到我的腳很大，我一直羨慕那些女孩的小腳、美麗的線條和我所沒有的東西。」

除了時尚的故事之外，男爵夫人之所以不相信《甜姐兒》是個不認識她女兒的人寫的，是有原因的。赫本和劇中女主角喬史達克頓一樣，不覺得自己會成為時尚典範。很有意思的是，電影人物與演員本身的個性都具有極端的特質：既聰明又謙虛、既冷靜卻又浮躁、既自信但也脆弱。這樣的衝突個性只有在奧黛麗身上才會找得到，只有她有能力面對自己的恐懼與害羞，盡力克服；這也是我們覺得她很吸引人的原因。

赫本勇敢的特質一直都在轉變當中——從發現羅馬驚奇的公主，失戀的司機女兒到從法國回來的淑女名媛，被年輕的小提琴家驚為天人，以及平凡瘦弱的書蟲，最後卻變成舞會上令人讚嘆的公主。奧黛麗成功地詮釋了這些女子，因為她深知這些人的猶豫、希望以及對美的渴望。

就像《甜姐兒》的主人翁，奧黛麗雖然一出道就成為耀眼影星，但她在演藝事業上則一直保持低調——這在好萊塢是難得且不多見的作為。這樣的人格特質讓人們愈發喜歡她；她不像其他的大牌明星，她似乎比較平易近人。正如一個記者曾經寫說：「奧黛麗赫本看起來相當女性化，但其實她是最不像女孩子的。」當別的女星總是忙著表現自己的身材時，她反而很快地說出自己的缺點。但就像一位攝影師說的：「她的缺點凸顯出她的風格。粗黑的濃眉、不整齊的牙齒。她不在乎自己的頭髮是否凌亂，也不在意跌到水裡弄濕自己。她是一個性情中人。」

赫本有世界知名巨星的教養與天份，她也有一般人少有的能力可以淡然看待自己——不論是在幕前或幕後。葛雷哥萊畢克總覺得奧黛麗的幽默感是她最被低估的資產。「她很會惡作劇，她會扮小丑，」他說：「我想不了解她的人，大概都會對她的逗趣感到驚訝。她總是會把我逗得笑場。我覺得她演的喜劇角色太少了。製片看到她，都只想讓她演一些嚴肅的角色，其實她是很有喜感的演員。」

奧黛麗回想拍攝《甜姐兒》時，一些好笑的例子。「有次我們鬧了一個笑

話，把法文搞混了。飛機上會有警示燈，警告我們不要抽煙，用法文寫是『不要煙』。結果我們大家都面面相覷，因為看起來像是『現在停止冒煙』。」雖然，她很優雅漂亮，奧黛麗卻常有出人意表的幽默感。「奧黛麗看起來很有皇室氣質，」設計師麥克‧格爾斯說：「但是她卻是個不拘小節的人。她對於自己的穿著一樣感到自在。」奧黛麗是很閒適安逸的一個人，所以和她相處的人也都很自在，這樣的氣質其實也散發在螢光幕上。正如紀梵希說的：「奧黛麗很了解自己——不論是優缺點，她都坦然處之。」

另一則《甜姐兒》的軼事也透露出奧黛麗對自己很在意——但又不會太過嚴肅。每部電影的最後一個鏡頭勢必是完美無瑕的，就和這兩位巨星一樣：優雅的奧黛麗赫本和弗雷亞斯坦最後終於重逢，他們在船上翩然起舞。這時，奧黛麗穿著王薇拉設計的白色結婚禮服，戴著項鍊、白手套，奧黛麗和弗雷開懷唱著〈如此美好〉（S' Wonderful），一路舞向日落盡頭。但大部分的電影——也和我們的人生一樣——幕後的故事都不如螢光幕前那般光鮮優雅。導演史丹利回憶說：「當時下了好幾個星期的雨，最後我們還是要跑到小島上拍這一幕，這個島其實是兩條小溪間的一片草地。每個人都很緊張，奧黛麗突然說：「我盼了二十年要跟弗雷亞斯坦跳舞，下場是什麼？一身泥濘。」

多年以後，奧黛麗也說了拍片中一些好玩的事，也許是有點揭人隱私，這是有關杜寧那一幕的笑話。「史丹利當時以他的法文為傲，正好在拍攝最後一幕，我和弗雷在溪流中木筏裡的鏡頭，史丹利為了美化畫面，希望我們在影片淡出時，跟在天鵝後面——結果天鵝先游走了，我們慢了一步。史丹利抓狂地扯開嗓門大叫：『猴子！猴子！』（法文）

「他原本要說的是，」奧黛麗想到當時的情景不禁笑開來：「天鵝！但是他沒念對，嘴裡喊的卻是猴子！」

奧黛麗難以抑制的特質也是她的風格和吸引力來源之一，就像她的平底鞋和誇張的太陽眼鏡。奧黛麗除了具有公認的美貌之外，其實她個性中的其他層面——像是謙虛、慷慨與不安全感——才是觀眾對她如痴如醉的原因。

　　在《甜姐兒》和《黃昏之戀》於一九五七年上映之後,奧黛麗已經與風尚劃下等號,所以她的名字「奧黛麗」成為一個形容詞,有教養、成熟、美國風貌的同義詞。「這樣很奧黛麗。」這句話成為形容服裝光鮮女性的用詞。這樣的簡稱我們還可以在當今一些設計師的作品看到,如比爾布雷斯(Bill Blass)、雷夫羅蘭、麥克格爾斯、奧斯卡蘭特(Oscar de la Renta)以及辛西亞羅麗。

　　一九九一年,雷夫羅蘭在林肯中心影藝協會向奧黛麗致意時,他提到奧黛麗對於時尚影響卓著,引起全場熱烈的掌聲。「身為一名服裝設計師,」他告訴在場的群眾說:「我敢說——每一本雜誌的編輯或服裝助理可能每分鐘都會提到奧黛麗的名字。他們會怎麼說呢?他們會說:『喔!這樣很奧黛麗。』」觀眾們哄然大笑。雷夫怯怯地笑著,向奧黛麗瞄了一眼:「我不知道奧黛麗是否聽過,但我相信紀梵希一定聽過。」

　　奧黛麗和大家一起鼓掌,並對著她的好朋友雷夫微笑著。雖然她只是隱約知道全世界對她的喜愛,但她一定知道如何能夠很「奧黛麗」。

出名的「出名」

誰知道你會和你的狗一樣古怪。

——奧黛麗赫本

「出名」是一隻喜歡亂叫、容易神經緊張、約克夏品種的狗，也是奧黛麗最出名的狗。「她真是個愛狗人，」比利懷德說：「她對她的狗都很好，尤其是那隻『出名』。」這隻狗是梅爾法拉一九五六年送給奧黛麗的禮物，牠曾經在《甜姐兒》裡露臉，在《第凡內早餐》拍攝中場休息時，趴在主人的膝蓋上，更是多次出現在艾弗登的攝影作品裡。在佛洛依德盛行的五○年代裡，有個導演就認為「出名」是奧黛麗的「小孩替代物」——她幫牠打扮，和牠形影不離，忽略牠所有的缺點。在這上面，「出名」是填補了丈夫的空洞，而非她的小孩。

不幸的是，「出名」的行為，一點也不像牠那舉止優雅的主人，是一隻很不乖的狗。有一次，奧黛麗赫本帶著這隻狗到比利懷德洛杉磯的家中作客。奧黛麗一再保證「出名一定會乖乖的」。結果，牠看了懷德家裡的約克夏「五十」一眼，便在他們家裡路易十四時代絲質客廳座椅上撒尿。奧黛麗深感抱歉，但是奧黛莉懷德覺得「出名」卻是一副得意洋洋的樣子。

雖然牠破壞了主人家的古董家具，因為奧黛麗和她的朋友都了解「出名」，所以牠也沒受到什麼處罰。這一點「出名」倒是心知肚明。畢竟牠知道怎樣取悅自己的主人，就像好萊塢許多影星的惡行很快就會被遺忘；「出名」因為在鏡頭前大出風頭，

特別是和比利懷德處不好時，這一點可是大有幫助。只要攝影機一開動，好萊塢都知道「出名」一定會表現得可圈可點（此點與牠的主人無異）。但是，奧黛麗的狗有時卻沒有狗明星的風範。也許成為名狗，對牠來說壓力太大了吧。也許，太多的注意力都集中在牠身上。因為不希望牠成為狗類的茱蒂嘉蘭（Judy Garland），醫生還開給「出名」鎮定劑，讓牠心情平靜一點。

一九五八年時，奧黛麗已經有太多的狗了。因為要拍《綠廈》（Green Mansions），她又養了一隻小鹿。這隻鹿的一對大眼睛和細瘦的腿，讓大家一致覺得這隻寵物跟主人長得很像。不用說，「出名」卻不太高興。事實上，「出名」還蠻生氣的。當主人餵「依比」（Ib）吃東西，而牠沒得吃時，牠就會躲起來生氣。「你應該了解，」攝影師威勒比曾說：「『出名』對奧黛麗是情有獨鍾。」

「依比」小時候，是奧黛麗每兩個小時用奶瓶餵大的。「當牠兩個半月大時，就住在我們家，」梅爾說：「我們在客廳，牠就和我們待在客廳吃東西；我們睡覺時，牠就睡在浴室裡。」「依比」還跟著奧黛麗一起上超市買東西──你能想像這兩個人一起選購農產品的樣子嗎？那年，梅爾與奧黛麗的私人聖誕卡上，就是「依比」和「出名」和他們坐在沙發上拍的照片。每個人都笑得很開心。

一九六〇年在拍攝《雙姝怨》（The Children's Hour）時，梅爾與奧黛麗在日落大道上租了一棟房子。「我們說這裡是離婚者和失婚者的夢碎大道（Boulevard of Broken Dreams），」奧黛莉懷德說。後來，「出名」被車撞到，死在奧黛麗的懷裡，奧黛麗原本對好萊塢即甚少評語，這會兒更加地不予置評。奧黛麗帶著兒子西恩到巴黎去，當時梅爾正在那裡拍《最長的一日》（The Longest Day）。梅爾又買了一隻約克夏狗送給奧黛麗，從這個情形看來，他似乎是個好丈夫。牠與「出名」長得很像，奧黛麗慢慢地也愈來愈愛牠。

雖然她很喜歡動物，奧黛麗卻不太喜歡養貓。在隔年春天替《哈潑時尚》雜誌拍照時，他們用了一隻白貓（當然一起參與工作的還有梅爾、迪克艾弗瑞、巴斯特基頓〔Buster Keaton〕、亞特布奇沃〔Art Buchwald〕，以及一整排硬殼的路易威登行李箱）。藝術指導亨利吳爾夫

（Henry Wolf）還記得：「那隻貓一直抓奧黛麗的臉，所以，我們有好幾天都不能拍她另一邊的臉……，我想可能是忘了餵牠吧！」

奧黛麗最後把她的愛，從約克夏和小鹿身上轉到傑克羅素犬（Jack Rossell terrier），這種吵鬧、身材只有鞋盒一般大小的狗，常以為自己是牧羊犬。有時，最高記錄是養了五隻狗。奧黛麗把一隻叫「圖柏」（Tupper）的狗送給羅伯·沃德斯，當做是他五十歲的生日禮物。「羅伯從來沒有養過狗，我覺得他應該養一隻屬於自己的狗。」奧黛麗或許回想起「出名」帶給她的許多快樂。雖然「米西」（Missy）和「圖伯」這兩隻狗於她在世時相處得很好，但在奧黛麗去世之後，牠們就必須分開。畢竟，魔力已經消失，而牠們與奧黛麗的關係也不復存在。

「我覺得和動物的關係可以說是最單純的，」奧黛麗曾經有感而發：「沒有人，也很少有小孩可以這樣無所要求地陪著你。牠們只想活著罷了。牠們只想吃飽。牠們完全地依賴你，如此之脆弱。牠們的脆弱讓你完全敞開心胸接納牠們，或許你很少這樣對待過任何一個人。」

所以，在這樣的情感之下，那幾張受損的椅子，又算得了什麼呢？

奧黛麗有著天使般的特質。她並不想

高人一等；但她從內在顯現出的神采、
精力與光芒，令人不敢逼視。

——凱文奧克恩（Kevyn Aucoin）

人們覺得奧黛麗赫本並不知道自己有多漂亮。
再也沒有哪一個電影明星是這樣的。

——依薩克米茲瑞西

迷人臉龐

　　時間是晚上六點，麗池飯店十四號房裡，法國「情人晚上會面的時間」。奧黛麗飾演的愛莉安（Ariane），一位年輕的大提琴女學生，腳上只穿著一隻鞋子，身著紀梵希設計的合身，上有花朵刺繡的圓裙洋裝，正趴在地上找鞋子。這件衣服適合穿著去幽會，她的情郎是賈利古柏飾演的法蘭克弗朗根（Frank Flannagan），一個性好漁色的企業家。

　　「我不能只穿著一隻鞋子見人，」愛莉安哀怨地說，因為她已經趕不上她下一個捏造的約會。

　　「為何不行？你的腳很好看！」弗朗根言辭閃爍，因為不見的那隻鞋子就在他的口袋裡。

　　「我的腳太大了。」愛莉安在電話桌下面找鞋。

　　「它很好啊。事實上，你全身都很完美。」弗朗根一邊說一邊爬到她身旁。

　　「我太瘦了，而且有對招風耳，牙齒不齊，脖子也太長了。」

　　「也許吧！但我就喜歡它們的樣子。你的長相有說不出來的巴黎風味，也像是法國人對左岸的觀感。」

　　法蘭克弗朗根說得沒錯——奧黛麗赫本的美確實讓人難以訂出明確的定義，她的特質即使是滿腹經綸的人也無法形容於萬一。即使是最偉大的導演也無法完全捕捉得到這些特質，她這一生拍過的幾千張照片也一樣難以完全展現出來。奧黛

AUDREY STYLE

麗的美深藏在她細緻的皮膚下，她的美絕對不是外表皮相的。對此李察艾弗登說：「我覺得她的美難以形諸照片。她自己就是一幀最完美的照片。」

無論怎麼拍她，她飾演的人是誰，奧黛麗展現出來的風采都令人驚艷不已。每個人只消看她一眼，就會像是看到《羅馬假期》裡的安妮公主，對於她明亮的大眼睛，彎曲的粗眉，典雅細緻的骨架難以忘懷。她對著鏡頭明亮開朗的注視讓全世界的人為之屏息。喬依烏拉記得：「你只要看著她的眼睛，就會相信她說的每一句話。」

但在世人帶著崇拜眼神看著她時，她對自己長相的評語卻是無比嚴苛。她的親密好友，桃樂絲及尤勃連納（Doris and Yul Brynner）夫婦就說過：「奧黛麗這個人很矛盾——她覺得自己的胸部太平坦，也覺得她的腳太大。以前我們常常聚在一起，如果她心情不好時就會說：『為什麼我的腳不能跟你的一樣小？』這些話真是太荒謬，因為她實在長得很漂亮！奧黛麗和許多女人一樣，常覺得自己長得很可笑，對不整齊的牙齒，有點寬的鼻子，十號大的腳和小精靈耳朵，一直耿耿於懷。『我從來沒想過要照相，』她曾經這樣說過：『像我這樣的一張臉。』」當然，她的影迷沒有人會同意她的想法。

奧黛麗的伴侶羅伯‧沃德斯也認為，奧黛麗根本不覺得自己長得很漂亮，因為她看自己的角度，和我們看她的角度不同。「她從小就很清楚她自己所認定的一些個人缺點，只要有人讚美她的外表，她就會覺得那是一種讚美，過度讚美。」

奧黛麗對自我的觀感與別人對她的看法之間所存在的分歧，使得她更接近於一般平凡的女人——她的不安讓我們和她更為接近，其實每個人的內心多少也會有這樣的不安。然而，我們想到奧黛麗赫本時，我們根本就不會想到她所提過的這些缺點。如果有的話，那也是像杜魯門卡波特（Truman Capote）形容芭比波麗所說的：「她唯一的缺點就是她太完美了。除此之外，她是完美無瑕的。」

奧黛麗的生活嚴謹、健康，這也是她精力充沛與魅力十足的原因。她住在鄉村，早起早睡，把自己照顧得很好。「她總是按部就班，一輩子過著規律的生活，」她的兒子西恩表示：「她希望自己每天都能定時地起床、吃飯、散步與就

寢。」

　　奧黛麗的美並無特別的祕訣。「我的日子沒有理論或公式，」奧黛麗解釋說：「有時跟著直覺，有時是常識。邏輯推論也很好，我從許多的事物與人身上學習到邏輯推論——從我的母親身上，從芭蕾舞的訓練，從《時尚》雜誌。」奧黛麗的美是一種整體美——她會傾聽自己身體的需要，也知道她得到了什麼。「在都市裡，」她說：「也應該保持在鄉村那樣的生活型態——很自然的是：你希望運動，卻又常常做不到；你會吃一些對身體有益的食物，但同時也會吃下一些無益的東西。面對現實吧。一塊好吃的奶油蛋糕真是讓人垂涎欲滴，其實，我也抵擋不住這樣的誘惑。」你當然可以覺得奧黛麗的規則並不是那麼嚴格。「對於食物或是身材，其實你不必太過緊張，否則你就會淪為自己美麗的奴隸……，也許你可以擁有美麗的肌膚，但是你可能也會變成機器人。」

　　終究，美並不是只存在於美麗的外表而已。正如同凱文奧克恩這位常和奧黛麗共事，並且幫許多封面女郎、影星和歌劇女主角化妝的專業化妝師說：「我們最需要向奧黛麗學習她那種樂觀、勇敢面對生活的態度。」或許這也是讓她如此美麗的原因——不論是內在或外在。

　　此外，奧黛麗並不像其他的影星那麼重視保養。根據一九五三年一份她的公關人員發佈的新聞稿，奧黛麗被問到她擦什麼粉：「沒有。」「口紅呢？」「很淺的顏色。」她的唇彩都是淺色調，強調眼部化妝，奧黛麗臉上的妝很清淡、實際，是任何女性每一天都可以上的妝。

　　對於這樣的絕世美女，奧黛麗其實不太需要任何化妝技巧。「我不是很強調規則的人，」奧黛麗對《時尚》雜誌坦白地表示：「我不是那種需要很多睡眠來保養肌膚的人。我喜歡散步，呼吸新鮮空氣……，吸入很多、很多的氧氣。而且我的睡眠品質很好，一天睡八到九個小時，整個人就可以神清氣爽，否則我也會睡午覺。沒睡午覺的話，對我的影響也不大，我一向很放鬆，沒有特別的保養方法。我只是做我該做的事，剩下的就是順其自然。」

　　為奧黛麗在《羅馬假期》化妝，並一直擔任她的化妝師的亞伯特羅西

（Alberto de Rossi），對於奧黛麗和她的妝更是有他個人的見解。「每次我見到一張臉，」他說：「就是見到一張上帝給的臉。但這張臉應該要自然柔和，不要像戴著面具一樣做作。」奧黛麗和其他的女演員一樣，和她們的化妝師都很親近，最後她還成為亞伯特夫婦的好朋友。曾經有人讚美她的眼睛是全世界最美麗的眼睛，奧黛麗便回答說：「喔，不！或許是化得最漂亮的眼睛，但這都是亞伯特的功勞。」

羅西幫奧黛麗化妝的技巧之一，便是用肥皂與清水將她的臉清潔乾淨之後，在她的臉及脖子輕輕地上一層粉底。然後撲上蜜粉刷勻，再噴上愛維養（Evian）礦泉水，兩分鐘後再用面紙擦過一次。這樣可以增加她的肌膚質感。

雖然亞伯特都是和大牌影星合作，包括伊莉莎白泰勒、愛娃嘉納以及畢蘭卡斯特（Bust Lancaster），他總覺得奧黛麗最特殊。「奧黛麗的五官很上相，」亞伯特說：「她的下顎骨線條分明，所以我會強調她的鬢角部位做為修飾，除此之外，她的臉部是不太需要修飾的。」

不工作的時候，奧黛麗便很少化妝，「只有眼部化妝，我用黑色的眼線、睫毛膏，和深咖啡色的眼影筆。我會在眼瞼上刷一下眼影，眉毛則順其自然。」有時，在晚上她會在眉骨上一些亮彩眼影。她試過綠色和紫色，不過這些顏色都不太適合她。正如我們看到她在《羅馬假期》時所化的妝，口紅是很淡的粉紅色，而且臉上也不打粉底。「我喜歡沒化妝時素淨的臉，」她說：「這樣感覺比較好。」

奧黛麗的妝扮至今仍很流行，最重要的是因為簡單、容易打扮。凱文奧克恩曾經好幾次幫她在拍照與公開場合化妝，覺得「模仿是讚美最誠摯的一種表現方式，我覺得很多人都想模仿她的美貌與風格。」奧克恩說奧黛麗的外表就是簡單。「只要強調一下眼睛，讓眉毛有型，使用淺色口紅。如果我想重建這種感覺，這就是我幫奧黛麗化妝的三大祕訣。我是說，沒有人可以像奧黛麗赫本，無論外表有多相像，但只有這樣的化妝方法才能像奧黛麗吧！」

由於她曾經演過舞台劇，奧黛麗深知不卸妝對臉部肌膚傷害很大，所以她的

卸妝工作做得很徹底。她自稱是「肥皂與清水女孩，」她用的是奧倫納素（Erno Laszlo）的產品。但她晚上不會特別塗上什麼保養品（當然你可能覺得用二十五美元一塊的肥皂是很特別的祕訣）。「我不相信流行，」她說：「我覺得良好的健康是好皮膚的重要關鍵；如果你的皮膚不好，那也是健康有問題的一個訊號。」

奧黛麗的髮質很好，她特別喜歡倫敦一位毛髮學家菲利浦京斯利（Philip Kingsley）調配的洗髮精。她四到五天洗一次頭，上髮捲，用家裡固定式吹風機把頭髮吹乾，因為到美容院洗頭總是讓她覺得很累。她洗澡時喜歡用沐浴油，她並不知道這樣對皮膚有什麼特別作用，但她喜歡洗一個氣味芬芳的澡。

至於運動，奧黛麗覺得自己是個喜歡戶外活動的人，雖然稱不上有運動細胞。她喜歡在鄉間田野散步──享受清新的空氣。她會在海邊散步幾個鐘頭，但絕不做日光浴，她覺得躺在大太陽下實在很熱（多年以後她說：「我雖然沒有曬黑，但也比以前黑一點。可能因為我常聽到曬太陽對健康有幫助吧！」）她常常游泳，但並不是很規律地游泳。她不滑雪、不打網球或高爾夫球；在她忙著跳舞和拍電影的那些年裡，她說她沒有時間好好學會打球。然而，她一個星期會做三次的按摩，她常常告誡大家一定要找對好的按摩師，否則「不好的按摩會破壞肌肉，造成終身的傷害，而好的按摩卻可以讓你放鬆肌肉。」

奧黛麗喜歡烹調與美食，或許是因為吃飯可以讓全家人共聚一堂，讓她表現對家人的關愛。「她煮的飯就像她的長相，」奧黛莉懷德說：「她是個講究健康飲食的廚師。」奧黛麗說她自己喜歡「健康的食物，而不是健康食物──新鮮的水果、蔬菜和肉類。」她對於質、量都一樣地講究。她也覺得太多人飲食過量。「我是那種在意健康的人，」她承認說：「我的身體裡似乎有個測量器。我的胃口很好，也不挑食──我每種食物都吃──但只要吃飽，我的閘門就會放下來，我就不再多吃。」

在家裡奧黛麗並不喜歡吃豪華大餐，她喜歡好好做一頓簡單的食物──像是好吃的牛排，賞心悅目的沙拉，外加幾顆覆盆子。她在家裡招待朋友，會找六、七位朋友到家裡晚餐，吃義大利麵、時令青蔬做成的沙拉，以及可愛的巧克力蛋糕

甜點。桃樂絲勃連納曾經在瑞士與奧黛麗當過鄰居，她記得奧黛麗喜歡吃義大利麵。她承認說，只要兩人的丈夫不在家，她們就會把香草冰淇淋淋上巧克力糖漿，吃個痛快。

或許從化妝、運動、飲食中，我們可以定義一下奧黛麗的美。但奧黛麗之所以迷人，不僅止於她有一張美麗的面孔，而是她優雅的內涵和內斂，她的力量與堅強。在柔弱的外表下，奧黛麗有著一顆最堅強的心。

在史丹利杜寧導演的《謎中謎》裡，奧黛麗飾演麗晶娜蘭伯特（Rigena Lambert），一位成熟有社會地位的女性。開場的那一幕是她在滑雪場的野餐桌上安靜優雅地吃午餐，卡萊葛倫飾演的彼得喬殊（Peter Joshua）和她目光相對。她心裡想著要如何和丈夫離婚，無心觀賞白雪皚皚的遠山。

「我們真的互相了解嗎？」彼得問說。

「為什麼這麼問？你覺得我們了解對方嗎？」麗晶娜閃避話題。

「我不知道，我怎麼會知道？」

「因為我認識很多人，除非之中有人去世了，我不會再認識其他人。」

「嗯……，如果有人上了這份名單，你再告訴我吧！」喬殊點個頭走開了。他覺得很煩。

「懦夫，」麗晶娜在他背後說。

他轉過身，「什麼？」

「你總是輕易地放棄，是不是？」她微笑問道。奧黛麗的眼神閃閃發光，真是無比動人，尤其是在亞伯特的巧手裝扮下，她似乎也在嘲笑自己。還記得她和喬治比柏（George Peppard）在《第凡內早餐》裡，兩人把萬聖節面具拿開，在門口忘情擁吻的那一幕嗎？這樣的情景真是難以形容。還有葛雷哥萊畢克在《羅馬假期》裡帶著她到城裡四處觀光，在羅馬古蹟前假裝自己的手被吃掉，而忽略——在真實生活也是如此——他用小把戲來使她開心嗎？奧黛麗開懷大笑的鏡頭是無價，也是可愛的。正如畢克回憶時說：「奧黛麗是一個既漂亮又有趣的人。她很神奇地具備了流行與令人振奮的氣質。」

　　如果你好好地凝望著迷人的她，或許美貌漸漸地不再是奧黛麗的吸引力來源。人們喜歡她的自然不做作。從她一九四八年在倫敦的首次登台，她只是個歌舞團團員，在《高跟鈕扣鞋》裡表演，對於她伴隨著幽默感的弱不禁風，觀眾給予的迴響真是空前絕後。

月河 化妝要訣

這種彩妝在晚上會顯得格外亮眼。而你的唇彩將會閃閃動人。

嘴唇

強調嘴唇的豐滿性感。首先,用和口紅顏色相同的唇筆將唇型描好,接著抹上口紅。用面紙輕抿口紅,再擦一次口紅,並塗上亮彩唇膏。

兩頰

用接近膚色的粉底強調五官。先從顴骨開始,由前額往太陽穴的方向擦勻,讓粉底顏色融入在髮線裡,依序把整個臉到下巴都打上粉底。用淺杏桃紅的腮紅刷在兩頰,往後向耳際方向刷淡。

眼部化妝

眼部呈現的是迷濛優雅的風韻。先在整個眼窩,從眉骨到睫毛的部份塗上淺褐色眼影。接著在雙眼皺褶處抹上霧灰色的眼影。上下眼線的部份,用黑色眼線筆描好。接著,再用黑色的液體眼線筆描出上眼線,加強眼尾部份,以增加戲劇效果。接著,用棉花棒沾取棕灰色的眼影,由眼線向眉毛往上漸層塗布。因為眼影是層層疊著擦上去的,你不必擔心補妝的問題。如果再黏上假睫毛,就會更像劇中女主角。

龍鳳配 化妝要訣

這是一種比較年輕、有自信、現代感的妝扮
——將使你閃爍著絕世美貌的風采。如果你化
著這樣的妝，開著敞篷車在鎮上走一遭，保
證大家都會目不轉睛地看著你。

嘴唇

晶瑩亮澤的唇彩。用接近唇色的唇線筆描出
唇型，塗上可可色或淺桃色的口紅。再加上
一層亮彩唇膏，你的雙唇將能光潤奪目。

兩頰

腮紅強調的是乾淨、富有現代感。將腮紅由
顴骨往耳際刷去。為了讓臉部更有立體感，
可以在顎骨部份刷上淡粉紅色的腮紅。

眼部化妝

最能展現這個妝的重點便是眼睛，雙眼皺褶
處先用淺葡萄色的眼影襯底，接著在眼窩部
份刷上一層淡紫蘿蘭色的眼影。如果是晚
妝，可以在眼尾塗上深紫色眼影，並輕輕向
內推勻。畫出上下眼線。眉毛要畫出弧度，
顯得飽滿而有力。

如果要增強化妝效果的話，可以在下眼瞼內
側部份，用白色眼線筆描出眼線，或是使用
假睫毛。

窈窕淑女 化妝要訣

這是奧黛麗在公開場合時化的妝。以下的化妝訣竅，可以讓你呈現出自然的美感。

嘴唇

在淺玫瑰紅或珊瑚色的烘托下，嘴唇顯現出亮麗溼潤的質感。盡量用唇線筆描繪出最自然的唇型。為了讓嘴唇更加自然有型，請在擦好口紅後，再描一次唇型。

兩頰

以畫圈的方式，在兩頰刷上腮紅，這樣可以顯得比較有透明感。為了在戶外看起來亮麗健康，你可以在陽光會先照到臉上的地方輕輕撲上腮紅，像是鼻樑、顴骨與眉骨上方。

眼部化妝

先用淺灰色的眼影打底。上下眼線都用可可色的眼線筆描出，盡可能地貼近假睫毛。利用棉花棒沾取棕色或深灰色的眼影，沿著眼線往上刷淡。這樣會很有透明感，而且感覺很柔和。如果是晚妝，就在下眼瞼的部份用棉花棒沾上一些深色眼影。然後，上下睫毛都刷上睫毛膏。最後，在全臉刷上一層淡玫瑰紅或桃色蜜粉。

鄉間早晨 化妝要訣

奧黛麗一直很喜歡她的鄉村歲月——閒適、寧靜、溫馨，和好友共進美食，一起渡過許多美好歲月。任何時候都適用的妝。如果你想要脫掉鞋子，打著赤腳在草地上散步——試試這樣的妝，也許你也能擁有她自在的風格與優雅。

嘴唇

強調的是透明感。你可以用手指沾些唇膏，將口紅輕輕塗在唇上。

兩頰

在這個彩妝中，強調的是透明感，腮紅部份只要輕輕地由顴骨向後刷即可。用楔型海綿上粉底，可以達到最自然的效果。再用大粉撲刷沾取一些蜜粉與腮紅，均勻地刷在臉上。呈現的均勻色澤能提供更自然的感受。

眼部化妝

眼部強調的是柔和感。先在眼窩部份，以自然的棕色眼影由內向外推勻。接著用小刷子或是眼線筆，勾勒出比較深色的眼線。用棕色的睫毛膏把睫毛刷過一遍。用軟毛牙刷沾一點髮膠把眉毛向外向上刷好即可。

大家一聽到「奧黛麗要進城了」，

每個人都想減個十磅。
雖然我不需要減肥，但我也想這麼做。

——奧黛莉懷德

唯一可以蓋過第凡內珠寶光芒的人便是奧黛麗。

——亨利普雷特（Henry Platt）

放眼世界

一九六一年，《第凡內早餐》引起的風潮，讓成千上萬熙攘往來的女性，個個穿起奧黛麗赫本的合身黑色晚禮服；當〈月河〉的樂聲悠揚響起，更令她們想要尋覓心目中的喬治比柏。電影的影響力真是無遠弗屆，根據「美國防止動物受虐協會」的統計，該年要求養橘色斑紋貓的信件如雪片紛飛而至（電影裡一共動用十四隻貓）。除了讓養貓蔚為風潮之外，赫本—紀梵希的組合更使得優雅時裝成為流行時尚，尤其是片中女主角荷莉歌萊特的行頭，讓大家一窩蜂地戴上三串式假珍珠項鍊、無袖洋裝以及超大鏡框太陽眼鏡，這些東西至今天歷久不衰。

《第凡內早餐》的拍攝過程更是匯聚許多幕後軼事。賴迪提亞鮑狄吉（Letitia Baldrige）這位曾任賈桂琳甘迺迪的白宮執行長，第凡內珠寶的首席公關回憶，當時每個人都很崇拜奧黛麗。「從夜班守衛、一樓賣場職員，到第凡內執行長華特赫文（Walter Hoving）一致對她驚為天人。」

第凡內在電影裡的份量，幾與奧黛麗、喬治比柏及鮑迪愛德森（Buddy Edsen）等量齊觀。電影公司為了不干擾商店做生意，對第五大道從每天晚上五點到清晨進行交通管制，將近兩個星期之久。其中一幕拍到奧黛麗和喬治要在一只戒指上刻字，但是華特赫文考慮到這家店裡商品的貴重性，拒絕讓工作人員進入一樓賣場拍戲。派拉蒙為了讓飾演接待奧黛麗與喬治的性格演員約翰麥蓋文（John McGiver）能入內拍戲，大手筆地付錢讓賣場的銷售人員都加入演藝公

會。結果面對這些價值連城的珠寶，大家都非常潔身自好，一直到整個製片團回到好萊塢，完全沒有珠寶短少的傳聞。

　　說到這部電影帶動的時尚風潮，鮑狄吉記得歐赫巴哈（Ohrbachs）對於奧黛麗和喬治比柏約會時穿的那件腰帶半繫在背後、橘紅色紀梵希外套十分著迷。而她的貂皮帽子則是「大家都希望人手一頂」。鮑狄吉想起這些依然難掩興奮之情。

　　傳奇的時尚編輯嘉莉多諾梵（Carrie Donovan）當時也見過奧黛麗。「芙麗蘭（時任《哈潑時尚》的總編輯）很喜歡她，」她回憶說：「而我則是幫芙麗蘭打點一切她所想要的東西，有天她提到奧黛麗赫本即將到此地，接著要去瑞士，她需要一些到聖摩里茲（St. Moritz）時可以穿的滑雪裝。」

　　「於是我趕緊到店裡或是發表會上去找，當時她下榻麗池飯店，我把挑好的東西帶過去……，她實在是個很好的人。真是非常地優雅、親切、和善。果然名不虛傳，真的很讓人喜歡，而我也不過是個幫忙的人罷了。」

　　「我記得其中有一套是貂皮鑲邊的粉紅色毛料長褲套裝，而她想穿的衣服可能也不會超過要登陸月球的人。我不過是個時尚雜誌的編輯，她卻是相當客氣地對待我。隔天，她送了我一大籃花，向我致謝——其實對我而言，這不過是舉手之勞罷了！奧黛麗真是一個迷人又善良的人，她是一個有崇高品格的人。」

　　隔年，奧黛麗在《謎中謎》這部電影裡穿著由紀梵希設計、精緻剪裁的三分滾邊收縮袖的衣服，更流露出她個人獨特的時尚風格。這部希區考克式的懸疑片，描述的是被謀殺的丈夫所留下的遺產遭竊，而他則有一位光鮮美貌的遺孀——事實上，設計師波格萊（Mark Badgley）與密緒卡（James Mischka）表示，這部電影呈現的時尚風格是他們最喜歡的。「從小我們便十分喜歡奧黛麗主演的電影——她在聖摩里茲穿的滑雪裝真是好看。」波格萊還說：「最有趣的是，即使她穿的是歐洲品牌的衣服，她還是表現出她的美式風格——也就是她很放得開，她在衣服裡顯得靈活不僵硬。」

　　奧黛麗赫本飾演一個回到家，發現家裡空無一物的家庭主婦，卡萊葛倫則是一位幫助她的陌生人。這部電影是由赫本、葛倫，紀梵希的服飾加上巴黎美景組

合而成。赫本與葛倫的精采對手戲,至今仍令人懷念不已;例如,赫本為了顧左右而言他,便用戴著手套的手指指著葛倫下巴凹陷的地方,「這裡的鬍子,你怎麼刮?」不過他們兩人認識的過程,在她的無心之過下,更是令人難忘。奧黛麗回憶當時的情況是:「卡萊和我在拍《謎中謎》之前,互不認識,當時正好我們兩人都在巴黎,準備在一家很棒的餐廳吃飯。我記得當時是初春時節,葛倫的穿著一向都很畢挺光鮮,那天他穿著一件淡色西裝。我很興奮可以看到他,我一定是興奮過頭;因為才坐下來聊沒幾分鐘,我的手部動作太大,一不小心就把整瓶紅酒打翻在他很好看的西裝上。」

「他一副很冷靜的樣子,但是我卻嚇壞了。當時我們才剛認識呢!如果可以躲到桌子底下,從此再也不要見到他,我一定會這樣做。但當時的情況下,我只能力圖補救。我一直道歉……,而卡萊身上還不斷滴著酒,他平靜地脫下外套,斬釘截鐵地表示說這些污漬可以處理掉。」

葛倫對這場小小災難的反應相當有君子風度──他隔天便送了一盒魚子醬,附上卡片,告訴奧黛麗不必在意他的西裝。在電影裡,杜寧加了一個玩笑的畫面,當他們在塞納河畔散步時,讓奧黛麗飾演的角色不小心把冰淇淋倒在葛倫的西裝領子上。

奧黛麗和卡萊都是很優雅的人,這部電影非常賣座,而他們在螢光幕上的款款深情看起來就像是真的一樣。這部電影中一些膾炙人口的對話──奧黛麗自己加進去的──當她邀他到家裡坐,她很優雅地問:「你為什麼不進來,我又不會咬你。」停了一下之後,她接著說:「除非你要求我。」另一幕則是赫本靠在葛倫的肩膀上哭泣,她抬起頭看著他時,突然不按劇本即興地說:「你看!我把你的西裝都弄溼了。」他不假思索地回答說:「別擔心,它自己會乾。」奧黛麗非常喜歡兩人之間有趣的對手戲。影評則說這部電影是「上乘的輕鬆喜劇片」。這是杜寧最成功的一部片子,同時它也打破了無線電城(Radio City)的票房記錄。

一年後,奧黛麗與梅爾重返巴黎紀梵希的工作室,觀賞一九六四年春裝發表

會。

記者會當天，工作人員以歡迎一位老朋友的方式來接待奧黛麗，而非將她當做名人。「她實在很棒！」當奧黛麗挽著梅爾，面帶笑容、輕盈地走進屋子時，耳旁響起了讚美。房間很小，每個人幾乎是膝碰膝地坐在一起，竊竊私語。奧黛麗與梅爾依偎在這間綴飾著水晶吊燈的雙拼沙龍，他們坐在最盡頭處兩張路易十四風格的宮廷座椅上。天花板上的黃色電扇不停轉動著，卻無法驅散房間裡的熱氣，奧黛麗很快地脫下她的合身外套，露出的臂膀與她薄毛料連身裙形成明顯的對比。

雖然一九六〇年代一切都往新潮流行發展，但經典時尚依然獨領風騷。女士們都穿著最好的時裝——紀梵希，而且也一定會戴上最名貴的珠寶。毫不例外地，時尚記者們幾乎清一色地都穿著黑色套裝。男士們穿著西裝打領帶。和椅子搭配成套的白色小茶几上擺著流行的煙灰缸，讓抽煙的顧客們方便抽煙。每個人幾乎都面帶笑容——從模特兒、設計師到奧黛麗。擠在小椅子裡的梅爾右手拿著筆，專心記下奧黛麗想選購的服飾。奧黛麗在模特兒經過時，微微笑著。在服裝發表會請個大名頂頂的來賓，或是讓一個名氣大過服飾的模特兒來表演，這樣的做法很可笑。因為在發表會上，設計師——紀梵希——才是國王，才是焦點所在。一切都是以他為主。「在小地方加朵花或是裝飾，都稱不上設計。」紀梵希很堅持：「能夠用簡單的線條製造一件簡單的洋裝，才是服裝設計的重點。」他的設計理念在此具體化。

這場發表會以展示一連串的亞麻洋裝做為開場——這些套裝有著鬆緊腰帶，上衣合身有型，而背後則是寬鬆的剪裁；顏色上則以中性色調為主：小麥、米色以及金屬色；而大衣則是以七八分或是八九分的比例，讓裡面的洋裝從大衣底下稍微露出來。

奧黛麗微微傾身向著梅爾，在他耳邊說：「我很喜歡那件小外套。」梅爾微笑。奧黛麗隨即擁有了這件外套。

接著又展示出更多漂亮的衣服：前高後低，風情萬種的黑色雞尾酒會禮服。

鮮豔的顏色則以紀梵希所著稱的——中國藍、粉菊紅為主。另外一些精美華服更是讓人心動不已。因為這些衣服的用心之處真是鉅細靡遺——從袖子接縫處的縐褶，上衣內裡精緻的打版，上衣、外套與洋裝內裡的細緻收邊縫工。追求時尚的這群人，全都沈醉在紀梵希所呈現的匠心巧藝下。

「那件穿在葛洛莉亞珍妮絲（Gloria Guinness）身上的上衣真是好看！」奧黛麗目不轉睛小聲地說。她比在座每位觀賞發表會的人，更清楚知道完美要花費多少的代價。

一九六〇年代的奧黛麗，在事業上已漸漸開創她個人的高峰時期，從演出《第凡內早餐》《雙姝怨》（都在一九六一年推出），接下來的《謎中謎》《巴黎假期》《窈窕淑女》《偷龍轉鳳》《儷人行》到《盲女驚魂記》（Wait Until Dark）。奧黛麗統領時尚與風格的動向——在她的作品中，我們看到了最無瑕、最成熟的奧黛麗。我們再也不復記憶她所飾演的司機女兒，以及她在逃難中穿著自己做的衣服那種可憐兮兮的印象了。她已經是個不畏展現自己美貌的女人，而這也是她對全世界最重要的貢獻。

正因為奧黛麗與紀梵希所創造的時裝潮流，讓我們一再把她跟流行聯想在一起，她再無法飾演一個住在車庫的平凡女子。她也帶給我們一些新的啟示，而這也是驅使她不斷轉變的動力。從《時尚》雜誌裡攝影師畢特史坦（Bert Stern）為她拍攝的跨頁照片以及她的電影中，我們眼前看到的奧黛麗，已然綻放成長為她長久以來所企望的成熟女性。

奧黛麗在事業巔峰時期，比起其他的女演員更相信服裝對她的成功有許多幫助。「俗語說，人靠衣裝，」奧黛麗承認說：「衣服確實帶給我許多我需要的信心。」在《窈窕淑女》中，奧黛麗形容希索·畢頓為衣衫襤褸賣花女所設計的晚禮服是「最棒的衣服」。「我要做的只是穿著它走下樓梯。這件衣服讓我可以充滿自信地演出。」當她穿上這件光采耀眼的衣服，她變成了依莉莎（Eliza）小姐，同樣的，穿上紀梵希設計的衣服，也讓她在螢幕上自信十足扮演好每一個角色。

「在演戲時，衣服對我的幫助很大。它幫助我看清楚自己要扮演何種角色，

接下來的其他部份就變得很簡單。更明顯的是，你在拍同一部戲時，像是《戰爭與和平》（ *War and Peace* ）《修女傳》（ *The Nun's Story* ），你穿著那些衣服，就會穿出習慣。即使你不是真的成為修女，你也會感染一些修女的行為舉止。如果你走路的樣子不同，你就會覺得怪怪的。這對演戲有很大的幫助。而且在時裝劇裡，穿著紀梵希簡單可愛的衣服，可愛的紅色小外套或是戴一頂流行的帽子，都會讓我覺得很棒。」

奧黛麗相信衣服帶給她許多力量，並不僅止於她演戲時。這樣的信念也延伸在她的日常生活中。多年後，她對紀梵希透露（這些話對他非常受用），「當我代表『聯合國兒童基金會』在電視攝影機面前演講時，自然會緊張；但穿著你設計的衣服，我覺得好像有人在保護我。」

奧黛麗對時裝的影響之所以深遠，是因為她會隨著時代變遷而改變，卻又保有她獨特的風格。「奧黛麗的風格是簡單而且不退流行的，」名模克莉絲緹朵寧頓有過這樣的觀察心得：「即使她表現出時尚與流行感，她也不會跟著潮流走。」奧黛麗相信每個人都有自己的風格，「當你發現自己的風格時，你就應該堅持自己的步調。」她絕對不會穿著設計師現成的衣服，但是她會把它們修改到適合她的調性。她喜歡一些基本款式，有時只是加上個配件，就可以表現出她原有的個性。

奧黛麗的穿著之所以到現在仍風行不墜，或許是因為她對衣著的態度十分執著——執著於她所買的衣服，也執著於她的穿法。王薇拉覺得：「奧黛麗對於穿著自有一套明顯的規則，和時裝編輯對於外表的裝扮理念類似。」這種執著一半也出自於她的背景。法國女孩可能會為了一條圍巾，或是一雙可以穿好幾年的鞋子而花費一整個星期的薪水。奧黛麗多少也有歐洲人這種為了買奢侈品而平日節儉的消費習慣。她生長在一個女性買衣服重質不重量的時代。一個女性要穿得出去，她的行頭裡至少要有兩件洋裝、一件套裝以及許多襯衫上衣，在一九六○年代之後甚至還要有幾條長褲，但每件衣服都要精心選購，用心剪裁。奧黛麗對時

尚的敏感,是跟著歐洲的概念而來的,因為女人會投資買一件上好的衣服,而不是買一大堆不實穿的衣服。

奧黛麗的執著更可以從她買的衣服款式中看得出來。她的衣櫃中絕對不會出現影集《朝代》(*Dynasty*)裡那種誇張的衣服,因為她相信「優雅是很重要的」。所以我們想到奧黛麗赫本,絕對不會想到金屬亮片這種金光閃閃的東西。相反的,我們的腦海會浮現出剪裁完美的無袖晚禮服。即使她不戴珠寶,除了偶爾帶著鑽石耳環,更彰顯出她個人獨特的風格。

正如紀梵希形容奧黛麗具有獨特的風格,任何衣服穿在她身上絕對不會顯得喧賓奪主。也就是時尚界所說的,是奧黛麗在穿衣服,而不是衣服穿在奧黛麗身上。無論她的打扮線條多鮮明,奧黛麗依然會戴上她那誇張的太陽眼鏡,配上一條優雅的絲巾或是寬邊的帽子,做出整體的造型,表達出屬於她特有的風格。無論當時她的心情是優雅、性感還是開心。就像她在《龍鳳配》裡和拉瑞比兄弟鬼混時,穿的那件背後綁著蝴蝶結的晚禮服,或是更極端的例子就像她在《偷龍轉鳳》中開著紅色跑車時穿的那件全白套裝,奧黛麗知道要怎樣裝扮自己。

奧黛麗不喜歡繁複的穿著方式,所形之於外的簡單大方,更是遠遠超越了時尚的境界。「她看來是如此地純潔。」奧黛莉懷德說:「她不像我們都會戴著珠寶或是穿皮衣,而她通常會化妝的部位是以眼睛為主。」奧黛麗終身都以她澄澈的大眼睛與實際面貌展現在世人面前。就像約翰羅寧所說的:「真正讓她發光發熱的東西,並不是她的時髦或俏皮,而是她的純真不矯飾。」奧黛麗先於亞曼尼(Armani)四十年,告訴我們現代就是簡單不繁複的道理。

南西雷根(Nancy Reagan)在米高梅時代即認識奧黛麗,深諳時尚界裡最難完成的便是精緻細微的地方。「我記得有一次訪問中,有人問她如何締造所謂的『奧黛麗赫本風格』,她說:『喔,那很簡單,你只要把頭髮往後梳,穿件黑色無袖的連身洋裝,戴上黑色太陽眼鏡與帽子就行了。』」南西笑說:「不過,這裡面的學問可不簡單呢!」

雷夫羅蘭對於奧黛麗天生的時尚敏感度,有著更一針見血的看法。「你可以

帶著奧黛麗去席爾斯（Sears）、羅巴克（Roebuck）或紀梵希，還是隨便一家軍事用品店，她隨便怎麼穿，你就是知道這是奧黛麗。很少人可以像她這樣。衣服穿得好不好看，全看到底是誰在穿。」

我們一路追尋思索著奧黛麗與她的風格，才了然這個部份幾乎已成了禪學定論：我們再怎麼像奧黛麗，最該做的就是發掘自我，發展出自己的風格而不是盲目追隨。《城鄉》（Town and Country）雜誌的總編輯潘蜜拉費歐里（Pamela Fiori）就覺得，奧黛麗的力量來自於忠於自己，而非模仿流行。「你可以看到許多人都在模仿她，她們只是奧黛麗赫本的複製品——尤其是東施效顰時，更令人覺得好笑。她最不會做的事情就是模仿。她要女性發掘自己的風格，而她正好就是風格的創造者。」

時至一九六〇年代，奧黛麗的事業已臻巔峰。她主演的許多電影，無論在票房或是影評都很成功，她愈發冒險地扮演修女、同性戀、盲女，甚至妓女的角色。對她而言，這是演技的考驗，但觀眾接受了她扮演的每一個角色。到了一九六三年，她無異已成為全球最成功的女演員之一。主演《窈窕淑女》（My Fair Lady）時，她的片酬已高達一百萬美金，之後的片酬更是節節高升。但在一九六七年演完《盲女驚魂記》後（由梅爾法拉導演，片中歹徒為了找到一個裝有海洛因的洋娃娃，不停地追殺奧黛麗飾演的盲女），奧黛麗突然宣布息影。當時她的決定震驚全球影迷。她要去追尋一個更為重要的角色：扮演好妻子與母親。她離開好萊塢之後，便回到她在瑞士精心佈置的居所，把她的農莊命名為「和平之邸」（La Paisible）。

在奧黛麗的事業蓬勃發展時，她的家庭卻出了問題。過去十幾年來，關於法拉迫切想分居的謠傳甚囂塵上；如今，他們的關係似乎得真正攤牌了。雖然我們不可能猜測到兩人關係的確實情形，但部份原因是奧黛麗已經不理會法拉堅持己見的態度，或是她已經厭倦了不停要去安撫他的日子。但可以確定的是，奧黛麗的事業掩蓋了他的鋒芒。

　　儘管這幾年在事業上，奧黛麗也和法拉合作──像是一九五四年的《翁蒂娜》，一九五六年的《戰爭與和平》，他們在片中分飾奧利佛（Olivier）與萊拉（Leigh），一九五九年的《綠廈》──奧黛麗在事業上的成就顯然比法拉略勝一籌。雖然法拉與奧黛麗合作的電影得到了藝術上的成就，卻在票房失利；在以票房論成敗的好萊塢，這些電影無疑是失敗的。對於梅爾這樣野心勃勃、有天賦的男人，被稱為是「奧黛麗赫本的先生」不啻是他心裡的最痛──畢竟他仍是以藝術家自居。

　　最困難的部份恐怕還是個性吧。在工作上，奧黛麗是個很好相處的人，這是大家公認的事實。但她的丈夫卻常常遭到工作夥伴的白眼。「梅爾是個討厭鬼！」不只一位和奧黛麗共事過的攝影師這樣抱怨。「他老是在片場閒晃，到處干預別人。」而法拉則辯稱，當時的女演員在好萊塢無法得到應有的重視，即使是奧黛

麗赫本。在電影事業裡，必須有人能在背後支持你，你需要一個輔助者，而梅爾
扮演的就是那樣的角色。

　　羅伯沃德斯覺得梅爾對奧黛麗的演藝事業貢獻匪淺。「梅爾是以丈夫的身份
來引導奧黛麗，而不是一般人認為的，奧黛麗對他唯命是從。而且，我覺得他們
有婚姻關係的時候，正好與奧黛麗事業如日中天的時期不謀而合。」沃德斯相
信，奧黛麗內心裡有一種信任別人的渴望。「她這輩子一直需要有個可以信任的
人在旁邊，她會把自己的一切交給那個人。我覺得她嫁給梅爾時，多少就已經把
自己的事業交給他，因為她信任他。她認為他是她的丈夫，他一定會提出對她最
有利的看法或建議。」對於梅爾其他的缺點，則不在此討論：奧黛麗在嫁給梅爾
後，事業上的確表現地相當出色。

　　不幸的是，他們的意願或是奧黛麗的成功都無法維繫他們的婚姻。奧黛麗為

了他們的兒子西恩，試圖挽回婚姻，但是努力終究是徒勞無功。法拉與赫本十三年的婚姻，經歷了四次流產以及合作關係，最後在一九六七年，還是以離婚告終。

　　一九六〇年代末期，奧黛麗成為全球最知名的女性之一。雖然她的事業蒸蒸日上，婚姻失敗卻令她甚感挫敗。奧黛麗對情感的忠誠，讓她成為一個有吸引力的女演員，也因此讓她更脆弱。根據沃德斯的說法，奧黛麗是一個相當忠於愛情的人，「一旦她覺得可以相信對方，她願意為對方做任何事情，」沃德斯說：「但若她對他們心灰意冷的話，那將使她陷入世界末日的困境中。」

　　奧黛麗接下來演出的片子，多少也反映出她個人生活所面臨的成長與改變。在演出史丹利杜寧導演的《儷人行》時，正值她和梅爾分居的階段，奧黛麗與亞伯芬尼（Albert Finney）飾演一對結婚很久的夫妻，片中描述了現代夫妻關係的起起伏伏、緊張與相愛的種種。奧黛麗回憶說：「這部電影成熟地探討各種不同階段感情的變化，而且故事的陳述方式是以時空交替進行著。」許多影評和影迷皆認為，這是奧黛麗從影以來最「真實」，也是最佳的一次演出。這部電影一九六七年四月二十七日在無線電城的音樂廳首映；同年九月一日，兩人的律師共同宣佈三十八歲的赫本和五十歲的法拉即將離婚。

　　奧黛麗決定在服裝上要有所改變。她第一次決定紀梵希不適合擔任《儷人行》的服裝設計，在導演杜寧以及服裝製片克萊兒林德麗翰（Claire Rendlesham）的協助之下，她飛往倫敦到京士大道上親自採購戲服。她為電影戲服所選的大多是瑪莉官（Mary Quant）的服飾，也買了哈迪愛米斯（Hardy Amies）、密雪兒波希（Michele Posier）、派可羅邦（Paco Rabanne），及當時較為流行的一些設計師服裝。

　　《儷人行》的裝扮顯然和過去在《謎中謎》《偷龍轉鳳》裡，紀梵希為奧黛麗設計中規中矩的套裝、白色手套截然不同。相反的，觀眾可以看到奧黛麗在片中耳目一新的打扮，從牛仔褲、運動鞋、水手領毛衣、肉色浴袍、紅橘色相間條紋的迷你裙，以及壓克力框太陽眼鏡、皮質褲裝（那種曲線畢露的剪裁幾乎是只有

米克傑格〔Mick Jagger〕才會穿的褲子），奧黛麗做了許多不同的造型。甚至她還和亞伯芬尼有暴露的床戲，由於當時民風保守，芬尼還是穿著白色的四角短褲和襯衫，而奧黛麗則用床單包得緊緊的，露出肩膀而已，像是穿晚禮服一樣。

　　儘管奧黛麗和梅爾離婚的這項決定令她十分痛苦，但在她下定決心之後，她便用全新的熱情過著她的生活。史丹利記得：「拍這部片子時的奧黛麗，幾乎是一個我完全陌生的人。她是如此地瀟灑、快樂。我從來沒有見過她這個樣子。她看起來是這樣的年輕……，我猜那是亞伯的緣故。」換言之，她片中的男主角讓她尋回歡樂，他們的友誼在她的心中佔有一席地位。「奧黛麗很喜歡芬尼，」沃德斯也這樣說。「他為她呈現出一個全新自由與親密的關係。這是她人生新階段的開始。」

　　後來，奧黛麗也回憶說，《儷人行》有幾幕戲是她從影中最喜歡的戲。「像是在車子裡換衣服，這是我在現實生活中曾經有過的經驗。例如，把食物偷偷帶進飯店，因為餐廳的東西太貴，最後才發現飯店的費用包括食宿。這也曾經發生過。」

　　至於亞伯芬尼，他則記得：「奧黛麗和我在地中海一個浪漫的地方相遇，我們很快就熱絡了起來。第一次排演後，我知道這樣的關係，會讓我們可以愉快地合作。無論我們是否真的有緣份……，奧黛麗也是抱持這樣的態度。和奧黛麗一起演戲是蠻受干擾的，事實上，因為和這樣性感的人演戲，有時你會走到現實與幻想的模糊邊際上——尤其是四目相接、互相凝望的時候……，因為牽涉到親密程度，我就此不再詳述。總之，和奧黛麗相處的時光，是一段非常甜蜜的時光。」

　　亞伯芬尼為奧黛麗打開了一扇門，帶給她光明與歡笑，告訴她另一種生活方式。但在現實生活裡，是奧黛麗自己開啟了這扇門。奧黛麗再也不是當年那個坐在丈夫身邊，當他在法國時裝發表會上為她勾選新裝時，會帶著微笑，高興有人保護她的年輕女子。世界不斷地改變，奧黛麗也準備好迎接新的改變。

影迷隨筆

「我很誠實地說，」傑佛瑞‧班克斯像個被冷落的戀人，嘆息說：「那時我很失望！」在一個陰雨綿綿的午後，我們在雀爾喜一家餐廳用餐時，他回憶起初見奧黛麗的情景。首先你必須了解的是，班克斯之於奧黛麗的愛可是恆久不變的。他十一歲的時候便拉著母親去喬治城的二輪戲院，看了兩遍的《甜姐兒》。「我知道這樣拖著一個人是不公平，」他坦言道：「但誰忍得住呢？」

他對奧黛麗的愛，就像他對美的事物一樣，自有定論而且著迷不已。奧黛麗在《盲女驚魂記》穿著水手領毛衣的造型，被亞倫艾金（Alan Arkin）死命追趕是否有損她的美麗？「不！我沒有看過那部電影，我也不會去租錄影帶來看。」那麼《龍鳳配》呢？「我也不會去看《龍鳳配》，」說到這兒，他有點不滿地說：「我是指重拍的這一部。我最在意的是全世界只有一個瑟賓娜，就是奧黛麗演的那一個角色。」

傑佛瑞得以遇見偶像真是因緣巧合。一九八二年時在漢普敦（Hamptons）的一場雞尾酒晚會上，傑佛瑞遇見紀梵希美國分公司的總裁約翰里祖托（John Rizzuto）。「你認識奧黛麗嗎？」他不經意地問傑佛瑞，完全不知道這是他一生夢寐以求的想望。「下次她到這兒來，我介紹你們認識。」

他的夢想終於實現了。奧黛麗後來到紐約是為了參加「時尚設計學院」（Fashion Institute of Technology）九月為紀梵希舉辦的回顧展。傑佛瑞為此將奧黛麗隔壁桌的位子都買了下來。為了他最崇拜的偶像，他買了一束玫瑰花要送給奧黛麗──其實是一大把，幾乎像是一棵樹，他把花藏在桌子底下。在中場休息時間，他到了奧黛麗面前。他把花送上去，奧黛麗微笑了笑，但是有點冷漠。「我是說，她雖然很有禮貌，但她的目光卻有點迴避。」顯然這段回憶仍觸動他的痛處。「你知道嗎？那一刻我曾經盼了一輩子。」

他回到座位之後，他的西裝禮服也變得無精打采。他的朋友知道他的心情低落，為了讓他開心，還帶他去聽鮑比短劇（Bob Shorts）。不過鮑比也無法讓他提起勁來，他的公主讓他失望了。

第二天早上八點半，對設計師而言是個很早的時刻，尤其是他前一晚還耗到酒店打烊。傑佛瑞家中的電話響起，是約翰里祖托打來的。

「傑佛瑞，我知道你昨晚很失望。」

「她真的不是那樣子的人，我知道這樣說有點蠢……。」

「唉，你不了解！奧黛麗的母親三天前在瑞士跌倒了。她的腿受了傷，原本奧黛麗是不想離開她的。但她知道很多人不僅是衝著紀梵希，也因為要一睹她的風采而來，她不想讓大家失望。她搭夜車趕到巴黎，再搭協和機到紐約，隔天又要這樣趕回去。整個晚上她只掛念著她的母親，打了五六次電話回去；那也是她為何會整晚香煙一根接著一根地抽。我向你保證，下次你再遇到她，情況一定會截然不同。」

他終於撥開陰霾，了解整個狀況。「當然，」他笑著說：「下次我看到的就是如假包換的奧黛麗。」後來，他們成為好朋友，一年中有好幾次為了頒獎，只要奧黛麗與羅伯到了紐約，他們一定會碰面。

有一次他們從芝加哥飛過來，傑佛瑞便安排兩部車子接機：一部接他們兩人，另一部則是他自己坐；他覺得經過舟車勞頓，他們一定很累。當他們在甘迺

迪機場會面，奧黛麗邀他到雅典飯店（Plaza-Athenee）小酌一番。傑佛瑞沒有接受，因為他不想叨擾他們。畢竟他是嫻熟於社交禮儀的南方小孩。奧黛麗有點失望，「喔，如果你有事情要忙的話。」

傑佛瑞於是給了小費把第二部車遣返。當他們下榻到雅典飯店套房裡，羅伯忙著整理行李，而奧黛麗則與傑佛瑞一起喝酒、閒話家常。他們坐在沙發上聊到紀梵希在巴黎舉辦的回顧展，而她覺得卡爾拉格斐是最聰明的人，至於雷夫羅蘭是她最愛的設計師。他們也聊到了電影，奧黛麗告訴傑佛瑞說茱莉亞羅伯茲是年輕女影星中，她蠻喜歡的演員。

不知不覺地，兩人聊了一個小時又十五分，他才驚覺——天啊！我都沒有讓她上洗手間或是卸妝。最後他說：「我真的要告辭了！我們明天頒獎會場見。」

在他步出飯店時，他看到有位設計師已經把花送過來了，這些花朵很美但不夠份量，他心想：奧黛麗需要更多的花才對。他打電話給花店說：「我需要很多的花——我需要這種、這種以及那種花。」其實他要的是一座花園。「我大概又說了好幾種我希望擺在那兒的花和一些東西。」傑佛瑞想起當時的情況：「但電話的那一端卻沈默不語。」最後開口了：「傑佛瑞，你忘了告訴我，花要送到哪裡去，還有，你的預算是多少？」

「我說：『這是要送給奧黛麗的，錢不是重點！』話一出口，我才發覺自己不該這樣對店東說。」傑佛瑞笑說：「我到現在都還未把花錢還清。」

當晚在林肯中心的會前晚宴上，許多人趨前向奧黛麗致意。但傑佛瑞並不想這麼做，他知道當別人在吃飯時，打斷別人是沒禮貌的舉動。而且，他確信在會場上他一定可以碰到奧黛麗。晚餐之後，大家都前往紐約州立劇院參加頒獎典禮。

傑佛瑞繼續說：「當時，門一推開，就聽到有人喊我的名字；回頭一看，原來是奧黛麗。她撫著我的臉，在我的兩頰上親了十四下。真的，我告訴你，當時我覺得就算是被人用槍打死，吾願足矣，我會死的很高興。那是我要的加冕。她向我道謝，告訴我每一種花的名字；她說，這是她一生中所收到過最美的花朵。我當下決定，只要奧黛麗到紐約，我一定要送她花。」

傑佛瑞這樣送了三、四次花（成為花店的最佳主顧），直到最後，在一次晚餐上，奧黛麗對他說：「傑佛瑞，你不要再送花了，我很喜歡，但這太荒謬了！」

而傑佛瑞的回答就像比利懷德的劇本，卻無比真心：「奧黛麗，送你再多的花也不嫌多……。」

她可以流利地說許多國家的語言—

英語、荷語、法語、義大利語和西班牙語，
或許還有我不知道的語言。

——史丹利杜寧

我是個羅馬的家庭主婦，這就是我想要做的。

——奧黛麗赫本

在義大利的日子

　　奧黛麗離開梅爾之後，她所做的第一件事就是剪掉她的長髮。這款新造型是巴黎的亞歷山卓（Alexandre）在蒙特街三號美容沙龍裡幫她操刀，剪出的新髮型，而當時也正是弗德烈費凱（Frederic Fekkai）這家店最風光的時候。奧黛麗試戴了好幾頂假髮，以決定哪一種造型最好看——對於一個想要大大的改變的人來說，這倒是個不錯的點子。亞歷山大知道全世界都在靜觀其變，最後做出了一個他稱之為「六六年代表作」的髮型。也許這樣的髮型名稱有點奇怪，但這的確是一個適合奧黛麗的新造型。雖然這款女性化短髮看來相當簡單，亞歷山大卻將他厲害的手藝展現無遺；他先用剪刀俐落地剪出髮型，再用刮鬍刀從髮根處把頭髮打薄，最後再用剪刀把頭髮修整好。在他細心熟練的技術下，賦予了奧黛麗一個全新的風貌，根據《時尚》雜誌的說法是「神采奕奕的短髮造型」。

　　儘管她剪了個很好看的髮型，仍無法改變她離婚後落寞的心情。當八歲的西恩到托洛肯納茲（Tolochenaz）的寄宿學校就讀後，奧黛麗一個人待在瑞士的家便顯得無精打采。桃樂絲布萊勒不斷地鼓勵她，並為她舉辦宴會，奧黛麗才開始和一些仕紳名流來往。這該是她玩樂享受人生的時候了。

　　「從十二歲開始，我就不停地工作，現在我都已經三十八歲了。」奧黛麗解釋說。因為不再需要五點起床接化妝通告，奧黛麗漸漸地在一些社交場合露臉。有時是和巴堤諾夫婦（Antenor Patino）到他們在葡萄牙的住所去，巴堤諾是波利維亞（Bolivia）王儲，對朋友、藝術和美酒相當挑剔。當然這些場合對賓客的

挑選也相當嚴謹。晚餐過後，大家到為舉辦舞會而建造的豪華大廳跳舞。女士大多年輕貌美，戴著昂貴的珠寶行頭；男士們則個個穿著黑色的正式晚禮服。

　　一九六八年奧黛麗又回到她一舉成功的地方——羅馬。她和她的朋友嘉坦尼伯爵及伯爵夫人（Lorean Franchetti Gaetani-Lovatelli and Count Lofreddo Gaetani-Lovatelli）一起待在那裡。奧黛麗抵達之後，嘉坦尼伯爵的女傭就開始幫她整理行李，小心翼翼地幫她把瑪莉官的服飾吊起來，以及好幾件奧黛麗在《儷人行》裡的戲服。女傭茫然了好幾分鐘，打斷了在畫室裡的奧黛麗與嘉坦尼夫人。

　　「太太，」她小聲地對女主人說：「她可能有幾箱的行李忘了帶來。」「為什麼？」伯爵夫人不解地說。「因為她只帶了上衣，我已經幫她掛了二十件上衣。」「那些都是洋裝啊！」伯爵夫人說。而正在喝開胃酒的奧黛麗則咯咯地笑了起來。這個女傭一定沒有見過這麼短的洋裝吧！

　　義大利讓奧黛麗心情好極了。她在那裡覺得更加自由自在。人們既熱情又很樂於幫助別人，他們實在是太熱情了。他們的脾氣來得快，去得也快。經歷了亞伯芬尼的友誼與離婚事件後，奧黛麗覺得該是改變自己的時候了。她希望自己的生活更開闊。只是不知道該怎麼做罷了。

　　一九六八年奧黛麗接受法國企業家友人，彼得路易斯威勒（Peter-Louis Weiller）和妻子奧林匹亞托洛妮亞公主（Princess Olympia Torlonia）的邀請，同去希臘旅遊。在船上，奧黛麗遇見了在羅馬大學教書的著名心理學家安得烈多堤（Andrea Dotti）醫生。這位幽默風趣的三十歲單身漢，過去在羅馬豐富的社交晚宴活動中相當活躍，他專挑社交名流交往，尤其像是克麗斯堤娜福特（Christina Ford）這類的名流，現在他又把注意力轉到奧黛麗身上。奧黛麗與梅爾相處時一直是她付出許多時間與精神，而多堤卻總是讓奧黛麗開懷大笑。環遊愛琴海時，船上的浪漫史也轟轟烈烈地展開。「我們是在優瑟斯島與雅典之間的航程陷入情網，」安得烈回憶道：「我們和其他的同伴一起在船上遊玩，但一天天過去，我們的關係也愈來愈好。」

　　事實上，他們愛情的進展並不慢。他們在六月邂逅，到了九月時兩人已經認真地論及婚嫁。嫁給一個比她小九歲的義大利人，是奧黛麗母親最反對的事，無論這個人多有成就或是教養多好。但過去，她母親也曾反對她和梅爾結婚。母親不是唯一持保留態度的人——奧黛麗的朋友中有一半的人贊成他們結婚，另外一半則是持反對意見。桃樂絲勃連納只希望她的朋友可以快樂，但奧黛莉懷德卻堅持：「他們兩人不登對。你有時看著一對情侶，你會覺得他們速配或不速配。但是，對於這兩人我會說：『不！』」安得烈的一個哥哥甚至建議奧黛麗：「不要嫁給他，先和他在一起試看看。」身為世界知名的演員，一舉一動（從剪髮到穿著）都受到萬般矚目的人，奧黛麗知道她絕對無法悄悄地和某人「在一起」。最後，每個人的意見都擺到一邊去：奧黛麗和安得烈彼此相愛，他們也承諾要生小孩。當然，他們要結婚。

　　「你知道被掉落的磚塊打到頭的滋味嗎？」奧黛麗說到他們濃烈的愛情：「這是我對安得烈的感覺。它真是突如其來啊。」在聖誕節那天，多堤拿著紅寶石訂婚戒指給奧黛麗；很快地，他又送上一個更大的鑽戒。一九六九年第一個禮拜，他們就在托洛肯納茲鄉下的郵局貼出他們的結婚預告。

　　一九六九年一月十八日，距離她和梅爾正式離婚的六星期後，奧黛麗和安得烈在摩吉斯（Morges）附近的市民大廳舉辦結婚典禮。奧黛麗身著紀梵希設計的粉紅色毛織洋裝，圍上搭配的頭巾，免得被飄下來的濛濛細雨淋溼頭髮。桃樂絲勃連納和曾經出現在《頑皮豹》（Pink Panther）影集裡的女演員卡布辛（Capucine），一起出席為她做見證。婚禮之後，奧黛麗打電話給遠在巴黎的修伯特說：「我又戀愛了，我現在很快樂。」她讚嘆說：「我不相信愛情又降臨在我身上。我幾乎已經放棄了。」新娘都是美麗的，而這位新娘尤其耀眼。

　　在羅馬，新婚的多堤太太（應該稱做伯爵夫人，但她拒絕這樣的稱呼，只願意在羅馬的電話簿上登記為「奧黛麗多堤」），開始學習做一位醫生太太，就像當年她為比利懷德背台詞一樣專注。劇本依然不斷地寄到她家信箱，幾乎塞滿了信箱。奧黛麗全都拒絕了，她只願意做一個平凡的家庭主婦。奧黛麗決心盡其所能

把這段婚姻經營成功。因為事業是她和梅爾婚姻破裂的起因,她現在要退出影壇,把精力放在家庭。

成為義大利平民之後,奧黛麗褪去了白色手套,也脫下了紀梵希的精緻套裝,把影迷的夢想留在黑暗的戲院裡。她穿著牛仔褲與白色的絲質襯衫、藍色外套,脖子上圍著圍巾,戴上太陽眼鏡。她可以在城裡自在地走動,沒有人會注意到她。奧黛麗甚至覺得很放鬆,穿著涼鞋在夏威夷的海灘上渡假。她幾乎每天都很快樂。她說:「我沒有助理,也不需要養狗;我不辦舞會,也不辦正式晚宴了。」

現在奧黛麗很早起床,弄早餐給安得烈吃,甚至陪他一起走到醫院上班;她還幫他為病人量體溫;加班時陪他在醫院吃晚餐。在規律的生活,距他們結婚四個月之後,奧黛麗和安得烈非常高興地發現奧黛麗懷孕了。為了能在多次流產後保住胎兒,奧黛麗聽從了蘇菲亞羅蘭的建議,羅蘭曾經為了安胎,懷孕九個月都躺在床上。奧黛麗在秋季返回瑞士的和平之邸,一直待到小孩出生為止。

安得烈會在週末從羅馬飛去瑞士探望奧黛麗。在安排就緒之後,他就回去工作,並且恢復他單身時代的熱鬧社交生活。當奧黛麗待在和平之邸靜待小孩出生時,媒體找到新的話題。他們拍到了安得烈夜不歸營跟一大堆漂亮女演員與伯爵夫人在外面廝混的照片。整個羅馬都知道安得烈流連忘返於夜總會、脫衣舞廳以及宴會。

儘管奧黛麗知道安得烈的社交活動,但她最重要的任務便是保住胎兒。幾個月來,她只能在沙發與床之間稍做移動,到了一九七○年二月八日,透過剖腹生產,生下了兒子盧卡多堤(Luca Dotti)。他們的婚姻也暫時恢復了平靜,奧黛麗和安得烈非常高興能喜獲麟兒,並且很快地回到羅馬的住處。

不幸的是,義大利的狗仔隊並沒有放過奧黛麗,讓她平靜地過正常的家庭生活。對於媒體,她並沒說當個電影明星有什麼負面的影響,因為她不希望讓別人說她不知感恩。有次奧黛麗被問到是否受盛名所累,她倒是回答說,盧卡因此受害。她解釋說:「我唯一感到很難過的便是,第二個兒子出生時,當時我們住在

羅馬，我不能帶他去任何地方──公園不能去，連到街上去也不行。我找不到一個地方是可以避開狗仔隊的地方。那是我最感到困擾的時期，因為小孩飽受騷擾──有時，躲在樹後面的攝影師會突然跳到他面前拍照，小孩子被嚇得大哭大叫！」不久之後，她在羅馬一個家裡有花園的朋友告訴她，只要她願意，隨時可以把盧卡帶過去和其他的小孩子一起玩。

住在羅馬也使得奧黛麗的服裝風格為之改變。雖然她與紀梵希的友誼依舊，他的衣服對她這個不常工作的人來說，顯得過於高貴。除此之外，身為一位社交活躍的醫生太太，她覺得最好穿上義大利設計師的衣服，奧黛麗問過嘉坦尼伯爵夫人，是否知道羅馬有什麼好的設計師？

「難道紀梵希不會送你衣服嗎？」伯爵夫人問道，她很訝異奧黛麗不像一般的名人，利用自己的名氣去得到一些好處。奧黛麗搖搖頭。她向來是個優雅的人，堅持自己花錢買東西。「畢竟，」她笑笑說：「他也要自掏腰包去看我的電影啊！」

當伯爵夫人帶著奧黛麗光顧范倫鐵諾的專賣店時，范倫鐵諾是三十六歲。雖然他曾經跟著戴西（Jean Desses）做了五年的學徒，又在巴黎的姬龍雪（Guy Laroche）工作了兩年；他於一九六〇年在父親的資助下自己開店，但店裡生意推展地十分緩慢。幾個月之後，二十八歲的范倫鐵諾在卡布里島（Capri）渡假，遇到二十二歲的建築系學生喬安米堤（Giancarlo Giametti），事情才為之改觀。范倫鐵諾洋溢的才華搭配上喬安米堤對事情的專注，兩人的組合如虎添翼，生意開始有了轉機。最後，范倫鐵諾設計的衣服廣受喜愛，如賈桂琳歐納西斯、凱瑟琳丹妮芙（Catherine Deneuve）、南西雷根與摩洛哥的卡洛琳公主（Princess Caroline）都是他的顧客。

范倫鐵諾能夠成為設計師絕非偶然──他對細節的敏銳與專注，在他年輕時，藝術家的特質即已顯露無遺。這位電器材料行老闆的兒子，從小在倫巴迪（Lombardy）長大，范倫鐵諾一直是學校裡最乾淨、整齊的小孩，他的頭髮總是梳得整整齊齊的，制服也熨過。他從不像其他的小男孩那樣邋遢。他對衣服有特

殊的喜愛,而且很在意自己給人的感覺如何;甚至在六歲時,他因為母親在一件綴有金色鈕釦的藍色海軍套裝上,加了個他覺得很「粗糙」的蝴蝶結領帶後,便氣得不穿這件衣服了。

身為一位設計師,范倫鐵諾的喜愛也是絕對的:他喜歡花、義大利麵和為女性製造美麗的衣服。「我不喜歡沒有花的日子,」他強調:「我特別喜歡牡丹花,我會特別去買舊金山進口的大朵牡丹花。」他開始細數自己喜歡的花:「我也喜歡玫瑰、櫻草、雪球、粉紅色的山茶花以及芙蓉。」他和奧黛麗一樣對義大利麵情有獨鍾——「我最喜歡吃細義大利麵,還有加了紫蘇醬的潘尼寬麵,」他承認自己的癖好是:「可以早上也吃,中午、晚餐、午茶,任何時候有義大利麵我都吃得下,總之,我是百吃不厭。」

他們發現彼此都很喜歡狗之後,情誼變得更加深厚。范倫鐵諾最寵愛的是一隻叫做「奧立佛」(Oliver)的北京狗(後來,他用這隻狗的造型與名字做為他第二條產品線的吉祥物圖案和名稱)。無論到哪裡,他必定會帶著這隻狗。「奧立佛」甚至搭乘義大利航空的飛機時,還可以有自己的座位,而且是空姐最喜愛逗弄的對象。

雖然,他們的交情不像奧黛麗與修伯特那樣,總是常常聚在一起,但是范倫鐵諾成為奧黛麗很親近的朋友,常陪著奧黛麗出席晚會,或到她家裡作客。她十分信任這位精神抖擻的義大利人,覺得他最能代表羅馬優雅的精神。

奧黛麗最不幸的是,即使擁有了全世界最美麗的華服和花朵,卻無法緩和她第二段婚姻的頹勢。坦白說,她結縭七年的丈夫還是像個單身漢一樣,流連花叢間。多堤總是把他的妻子擺在他夜夜笙歌之後的位子。他後來也承認:「我不是個天使——義大利的丈夫從來就不是以忠實著稱。但是她從一開始便忌妒其他的女人。」奧黛麗則說,她並不期待自己的丈夫,當她不在家時,「會乖乖坐在電視機前面」。她還說:「有個無趣的丈夫可能會更危險。」

當盧卡出生之後,多堤偶爾會表現得比較好,但是多堤經年累月出席的宴會是媒體最喜歡追蹤的報導,對於奧黛麗的自尊更是毫無幫助。她為了西恩和盧卡

竭力要保住這段婚姻;但是她朝其他角度觀看事情的方式,對於緩和婚姻的惡化,亦於事無補,反而帶給她更大的壓力。丈夫外遇是一件令她痛苦的事,但天天都看到報紙頭版報導這些緋聞更讓她情何以堪。有一天早上,她生氣地對安得烈說,她已經忍無可忍了。「奧黛麗倍覺羞辱,」沃德斯靜靜回憶這件事:「對她而言,第二次的婚姻也宣告失敗,是最令她感到羞辱的事。」

一九七五年,奧黛麗在好友演員大衛尼文(David Niven, 他很不喜歡她兩任丈夫)的建議之下,重新和英國導演李查萊斯特(Richard Lester)合作《羅賓漢與瑪莉安》(*Robin and Marian*),她想讓安得烈知道,就算他不在意她,但全世界還是對她另眼相看。除此之外,十五歲的西恩和五歲的盧卡都是詹姆斯龐德迷,也威脅母親如果辭演這部戲,並且不介紹史恩康納萊(Sean Connery)給他們認識的話,他們就不要認這個母親。

這部電影講的是羅賓漢與瑪莉安闊別二十年後又重逢,再度陷入戀愛;這樣的中年之愛吸引著奧黛麗,因為近幾年來她的角色都太過「古怪、暴力與年輕」。在退出影壇八年之後,奧黛麗很在意自己在螢幕上的形象。為了安全起見,她帶著曾在《羅馬假期》和她共事,並持續合作的髮型與化妝師——亞伯特羅西夫婦,還有兒子盧卡及保母一同前往片場。至於西恩,則在學校放假後再與他們會合。

奧黛麗息影的這幾年,電影生態丕變。在以公司為家這樣的片場制度崩解之後,拍電影再也不像《羅馬假期》那樣,悠哉地慢工出細活。萊斯特決定要在三十六天之內在潘普羅納(Pamplona)把整部電影拍完(和《窈窕淑女》花了四個半月的時間,只拍好主要的鏡頭相比,速度真是迅速)。他一幕戲很少要拍超過兩次。「在這部戲中,」他說:「我計畫一天要拍八到九幕,光是那棵樹下就有五十場戲,不這樣拍行嗎?」雖然奧黛麗很關心在這樣匆忙趕拍的情況下,她到底會被拍成怎樣;每天趕進度的拍攝,她很害怕情況失控。

為了節流,舊式的好萊塢福利,像是私人祕書、備有司機的豪華禮車,與零用金帳戶都一一取消(不禁令人想起,懷德夫婦在巴黎拍攝《黃昏之戀》時,因為抗議飯店酒保的馬丁尼酒調得不好,便抗議不住該飯店的情景)。連過去免費供

應，印有影星名字的專用座椅亦不復存在。奧黛麗只好從她的小拖車化妝間裡拉一把小椅子來用。遑論像拍攝《盲女驚魂記》時，還有人在下午提供茶水的服務了。

但奧黛麗畢竟是個老演員。這次她在戲裡沒有紀梵希設計的美麗衣服可以穿，她的戲服是英國設計師依凡布蕾克（Yvonne Blake）模仿自中古世紀的粗布麻衣。雖然拍片的情況惡劣，電影上映之後仍相當賣座。如果她曾經懷疑過自己或演戲的能力，奧黛麗這次應該知道她是很有實力的演員。影評對於她復出後的表現給了高度的稱讚。「我們再次被提醒了，曾經有個演員如此吸引著我們，並且緊緊扣住我們的想像力。」傑寇克斯（Jay Cocks）在《時代》雜誌如是寫著。

奧黛麗現在是帶著兩個孩子的成熟婦人，在義大利這段日子裡，她學到許多東西——經過了嘗試與錯誤之後——知道如何讓自己活得快樂。她學到了一個重要的觀念，走出自己的路必須有夢想及嘗試錯誤的勇氣。過去這十年來，她經歷了這兩件事。到了一九七六年，她與多堤的婚姻充滿著艱辛與失望，大部分是因為他的放縱無度。四年後雙方決定好聚好散，奧黛麗正式與安得烈分居。她的另一章婚姻，充滿著艱澀的知識，雖然有著鍾愛的兒子，卻也就此劃下句點。

冥冥之中，或許是運氣吧，奧黛麗在一九八〇年冬天遇到了羅伯沃德斯，這個後來被她稱為「靈魂伴侶」的男人。他們不是一見鍾情。經過與多堤情感上的高潮起伏，可以理解的，奧黛麗變得更加內向。他們是在好友康妮華德（Connie Wald）比佛利山莊的家中相識。這棟康州式的灰色石頭建築，外面圍著籬笆，前院的草地上綻開著花朵，前門的青銅色門牌則寫著「華德」。這是一個讓奧黛麗覺得很自在的個人產業，只要她到加州一定會到此居住。「她每次到康妮家總是三步併做兩步，」有個朋友曾經到那裡拜訪她，這樣回憶著。

華德的房子至今仍像二十年前般屹立。這棟華宅裡有著老式好萊塢的配備，那是一間僅次於客廳大的放映室，餐廳裡掛著幾幅畫，屋前有個游泳池，屋後則

是客房，每次紀梵希到洛杉磯總是下榻此地。這棟房子樸實舒適，一點也沒有典型好萊塢首映典禮前觥籌交錯、衣香鬢影的氣派。這棟房子建於一九三六年，比加州發跡還要久遠之前的年代。

　　圍繞好萊塢的這條幽靜小道，因為主人的好客而出名，之前是傑瑞與康妮華德，後來則是康妮舉辦宴會之處。週末的晚餐與電影邀約，幾乎就像被邀至奧斯卡頒獎現場一樣地尊榮，也許還要更勝一籌，因為這絕對是不對外開放的。其中的座上嘉賓如雷根夫婦、比利懷德夫婦、吉米史都華（Jimmy Stewart）夫婦與葛雷哥萊畢克夫婦都是他們的老友與常客。

　　奧黛麗與羅伯就是在康妮家裡的書房相識的，那裡有著壁爐、寬敞的白色沙發、居家照片和整齊排放的相簿。「如果牆壁會說話」，康妮回憶起十幾年前的往事，不禁笑著說。這間書房讓許多曾聚在這裡，等著開飯前小酌的賓客記憶深刻。羅伯承認這間書房是他這一生中非常重要的地方。「喔！他們是註定會認識的。」康妮很有意思地，選了同樣形容奧黛麗與修伯特交情的字眼來形容他們，「絕對會碰在一起。」

　　當時他們兩人都是傷心人。羅伯還處在失去妻子梅莉歐畢朗（Merle Oberon）的悲痛，奧黛麗則是對她和多堤十一年的婚姻大失所望，著手要辦理離婚手續。奧黛麗傾聽、分享著羅伯的思妻悲情。奧黛麗與歐畢朗是多年的朋友，奧黛麗與羅伯則是聽過彼此，屬於點頭之交。在這樣沈靜的晚餐——到場的賓客沒超過十二個人，大家都是相識多年的老朋友。這是他們兩人第一次坐下來談心。

　　他們用好聽的外語——荷蘭話交談，原來羅伯在二戰時就住在離奧黛麗住的安恆不遠之處。「美國對我們而言就像天堂一樣，」羅伯說：「我們不相信世上會有這樣的地方存在。」奧黛麗也有同感。現在他們兩人就在比佛利山莊一棟漂亮的房子裡，坐在一起聊天。

> 有些人的夢想是擁有一個很大的游泳池——而我則想要有間大衣櫥。
>
> ——奧黛麗赫本

奧黛麗的衣櫥

你可能不會看到紀梵希的真品，但這裡有許多奧黛麗的戲服。「她的衣服不會特別華麗或很中產階級」，寶麗美隆的聲音中有著明顯的抑揚頓挫，這是法明頓（Farmington）有教養人家的一種特色。她跟她的老闆黛安娜芙麗蘭一樣，講話都強調重點。「你一定會看到黑色的高領衣服，還有黑色長褲，沒錯，奧黛麗赫本偏好黑色的衣服。她穿著中性的衣服更是帥氣。」

必備服飾

合身的黑色洋裝——我們的生活是少不了這樣的黑色洋裝，不然我們怎麼找得到真實人生裡的喬治比柏呢？

無袖的合身洋裝——這是最、最、最經典的打扮了。可以顯示自己的長腿，裙長不要太短就好。冬天就穿上毛襪，披一件純羊毛上衣即可。

白色襯衫——一定要全棉或絲質的，長袖、短袖，寬鬆或緊身，在腰身打結。不要加肩章、刺繡、金色鈕釦或任何華麗的東西——你又不是在當兵。如果把衣服燙平，毫無縐痕是最好不過的了。

正式套裝——我們講的是上衣配裙子的套裝。不一定得是巴黎原裝進口（有也很好），但是布料最好是結子織法，讓你看起來能夠小一號，而且一定要有腰線。如果你母親有一件三十五年前（你知道是那種絲質，有包釦，上衣有暗鏈，可以看起來很挺直）的套裝，向她要這件套裝吧。

七分褲——這種衣服在夏天穿最好看。秋冬時，你可以換穿合身，長及腳背的長褲。

深色的高領套頭上衣——黑色或是深藍色的，穿上這種衣服就好像你跟著弗雷亞斯坦在拉丁區——即使你是在郵局前排隊。

加件飾品吧——表現你的品味。奧黛麗在好萊塢時期都會穿著她的貂皮上衣，戴著太陽眼鏡，頭上包著圍巾，還有合身的長褲。棒極了。

迷死人的禮服——還記得奧黛麗飾演的瑟賓娜，出現在林納斯面前讓他驚為天人時，那件紀梵希設計的衣服嗎？你也可以這樣打扮——給你的朋友一個大驚喜：白天穿著卡其色的衣服，晚上穿件令他心動的晚禮服。

牛仔褲、馬球衫和運動鞋——在花園裡整理花草或是遛狗時可以穿，特別是沒有攝影師在旁虎視眈眈的時候。

平底鞋——即使是芭蕾女伶也要偶爾休息吧。

瑟賓娜的高跟鞋——看起來莊重如公主。可以不穿襪子或是穿上襪子。

配件

圍巾（偏好愛馬仕）——投資一條吧。善用各種折法。

黑色的太陽眼鏡——可以遮住許多罪愆。

得宜的珠寶——確定自己負擔得起。只要態度正確，沒有人會懷疑你戴的珠寶是假的。

怪名字小狗——血統很重要，禮貌是其次，只要自己舉止得宜即可。

葛雷哥萊畢克

基本規則

- 是你穿衣服，不是衣服穿你。
- 別理會流行，你要超越流行。
- 先自我研究，做最有效益的投資。每個人都有值得強調的優點。將優點發揚光大，其餘的就不必理會。沒有必要花太多時間去學習接受自己。正如布里茲（Brits）所說的：「每個人都要接受自己的優缺點。」
- 找個好裁縫師——這樣衣服才會合身。
- 不要照單全收經典裝扮——否則人還未進門，衣服就先聲奪人。
- 穿著要看場合才能得體，你總不會在後院穿著瑟賓娜的晚禮服吧！除非你是鮑伯狄倫（Bob Dylan），否則別在頒獎典禮時，穿著牛仔褲和牛仔靴。
- 一定要光鮮。奧黛麗去旅行時，都會要旅館幫她把衣服燙整齊。
- 抬頭挺胸，仔細聽人講話，面帶笑容。
- 別忘了禱告。

奧黛麗是個完美典型——可愛、忠誠、優雅、
她有個人獨特的嗓音與節奏。我告訴你，

甜美、開朗、值得信任。
奧黛麗與羅伯是很優雅、很好相處的人。

——羅迪麥道威爾（Roddy McDowall）

> 物質愈豐裕時，我想要的卻愈少。
> 許多人想登陸月球，我卻想多看看樹。
>
> ──奧黛麗赫本

和平之邸

　　「和平之邸」是奧黛麗休養生息的避風港──換言之，就是她的寧靜居所。這棟房子位於瑞士托洛肯納茲，是奧黛麗一九六五年時自己花錢買的十八世紀農莊，也是一棟相當素樸的房子，有一座果園，還有蔬菜花圃，四周圍繞著碧綠草地。在這裡，奧黛麗可以放鬆心情，無拘無束。「在這裡，任何人都打擾不到她，」電視製作人珍妮絲布萊克席勒格（Janis Blackschleger）說：「這裡是她的快樂居所。」

　　奧黛麗深愛著這裡以及在這裡渡過的日子。遠離了舞台與好萊塢喧擾的演藝事業，奧黛麗發現了一處可以安身立命的地方。在她年長並回顧從前時，她覺得早年當演員是必要的，畢竟這樣才可能擁有和平之邸、羅伯以及一切珍貴的友誼；但她也承認，當演員是過著「週而復始的生活」。整理行李，打包行李，從一個片場搬到另一個片場，帶著年幼的西恩在許多國家奔波。每次旅行就像是皇室出巡一樣，帶著五十大箱的行李──裡面是她和梅爾的東西，包括床單、銀器、她的白色細瓷煙灰缸，每個行李箱都要貼上標籤，標明裡面的東西，這樣才不必翻箱倒櫃幫梅爾找他的皮鞋。想起過去的日子，她真是很不以為然。

　　瑞士治癒了所有凡塵俗世間的紛紛擾擾──記者一些禮貌性或無禮的問題、攝影師、影迷，甚至是導演。她最喜歡的導演有威廉惠勒、比利懷德、史丹利杜寧以及後來她很欣賞的史蒂芬史匹柏，這位有著一個成熟男人眼光的年輕人。她很

感激有個地方可以讓她關起門來，不理會外界對她的要求。托洛肯納茲是個隱居的好地方。這個人口不到五千人的小鎮位於日內瓦湖上方，早期都是以凱爾特人（Celtic）為主的居民。現在除了多個電影明星，居民大多務農，經營葡萄酒園與果園。隱居此地並不意味著奧黛麗與現代社會完全隔絕──這個遺世獨立的寧靜小鎮，其實距離洛桑（Lausanne）只有十五哩，距日內瓦（Gevena）也不過三十哩。

在這裡，她愛的事物不多，但都是她的摯愛。房子、花園、小狗、隨時回來的孩子們，以及與她長相廝守的羅伯‧沃德斯。

托洛肯納茲唯一的一條街就是比爾大道（Route de Biere，沿路只有一家五金行與雜貨店），從街道看上去，和平之邸就在街底，是一棟桃色石頭堆砌的建築物，法國式的門窗，四周還有漂亮的玫瑰花園。屋內的裝潢布置格調與奧黛麗在時裝上的品味一致，套句奧黛莉懷德說的，就是很「樸素」。奧黛麗喜歡房間裡的牆壁、地板和沙發都是白色，另外再襯托一些亮眼的顏色──藍色、綠色，甚至橘色。奧黛麗很喜歡白色。一九六〇年代中期，她的朋友黛博拉基爾（Deborah Kerr）曾前去他們位於西班牙河畔的房子探望她和梅爾。「那是一棟很迷人的房子，簡單大方，以白色為主。無論他們走到哪裡，放眼望去都是一片純白。我覺得這房子反應出她的心境。每件東西都是白色的。車子是白色的。甚至連小嬰兒穿的衣服也是白色的。」

白色家具裡點綴著花園裡摘的花朵，銀色相框裡是朋友與家人的照片（至於她的照片則是《窈窕淑女》中的劇照，另外放在客廳裡）。和平之邸共有九個房間，內部的印度花布以及英國古典的高腳五斗櫃，讓人感受到一絲絲的歷史古董氣息。

奧黛麗的和平之邸有一些偉大的資產，卻是金錢買不到的──空曠、陽光與心靈的平靜。奧黛麗的裝潢是為了自己，而不是彰顯她世界巨星的形象。和平之邸最大的特色就是平靜祥和，或許是要找回奧黛麗童年時所不曾有過的和平。她說：「你會回過頭重新尋找你小時候曾經擁有的快樂。我們其實都是長大了的小

孩，所以人們會回頭尋找他過去被呵護關愛的部份，才能發現生命中最真實的意義。」奧黛麗在和平之邸建構了她的夢想家園，展露出她的自信與人生經歷，她對家人朋友的愛；沒有專業室內設計師的精雕細琢，每個房間仍然有著溫馨的氣氛。

在和平之邸，生活是最重要的；為了好好用餐，奧黛麗花了許多時間在採購、準備。吃飯時也不會被一些無關緊要，像是電話之類的事情打斷。奧黛麗悠閒地把餐桌布置好，她喜歡明亮的桌巾與瓷器，並且在餐桌擺上花瓶。天氣好的時候，甚至還可以到院子裡吃飯，走道上紫色薰衣草香氛撲鼻，草地上的小狗發瘋似地亂叫狂吠。

奧黛麗的朋友一提到這些傑克羅素犬──她在義大利開始喜歡上這種狗──就不禁要搖頭嘆息（「那些狗真是會叫！」這個人小聲地說，生怕被奧黛麗聽到）。最高記錄是五隻狗──「米西」、「圖柏」、「潘尼」（Penny）、「皮西里」（Piceri）以及「傑基」（Jackie）。最後這些狗死了三隻，只剩下「米西」和「圖柏」。這兩隻狗在奧黛麗面前相安無事，不像以前的「出名」和「依比」，彼此爭風吃醋，總是滿屋子與沙發底下亂跑。「我的小漢堡」，這是奧黛麗對牠們的暱稱。牠們會睡在女主人的床上──床單這時就遭殃了，但奧黛麗卻說她找不到適合牠們睡的籃子。

奧黛麗與紀梵希一樣很喜歡花，她尤其喜歡在花園裡耗上一整天。奧黛麗管家喬維諾（Giovanno Orunescu，他已經跟在奧黛麗身邊二十年之久）的哥哥，也會來幫忙做一些花園裡比較吃力的工作。和平之邸裡的花園盛開綻放，就像奧黛麗一樣。她曾經種了一大片的羅勒草，因為她喜歡拿來作香蒜醬（再加上番茄就是可口的義大利麵醬），來訪的客人都可以抱一大堆回去。

一九六五年奧黛麗首次見到這棟房子時，她站在花園坡地上，看著盛開的花園。她覺得非常興奮，知道自己往後可以住在那裡。和平之邸栽種了櫻桃、梨子、蘋果與桃樹，另外還有藍莓、榛果與胡桃樹。所有奧黛麗喜歡的花，都種在一區區的花園裡，它們是雛菊、繡球花、番紅花、天竺牡丹、山谷百合與其他只

有她和喬維諾知道的花名。在她六十歲生日時,紀梵希送給她六十株種在小徑裡
的依莉莎白玫瑰,當做一份神祕生日禮物。

花園反映出奧黛麗的內心世界,她花了許多時間在花園裡流連忘返。她喜歡
花團錦簇的英國式花園,甚於法國工整有致的花園。她像往常一樣對於自己認為
是最好的事情有著十足信心,而不管現在流行趨勢為何。所以她會在菜園裡種玉
米,會把玫瑰種在印度穀物的前面。有個朋友初次見到她把這些不同的植物種在
一起的景象時,真的很震撼,很像一篇散文。他從未想過可以這樣處理園藝,但
看起來真的不錯。「真的很有奧黛麗風格。」他自忖。

和平之邸可以說是奧黛麗的精神居所,一九八○年奧黛麗為她的心靈找到了
歸宿,那就是荷蘭籍演員兼商人羅伯‧沃德斯。他們認識不久後,奧黛麗即告訴
她的朋友說,她已經找到了「精神上的雙胞胎,她願意與此人共度一生。」事實
上,稱他們倆為靈魂伴侶亦不為過。他們一樣地敏銳,一樣有著黑色眼瞳,在他
們了解你之前,都很小心翼翼。但他們信任你之後,就會很風趣。羅伯高大、俊
挺的外表與奧黛麗站在一起,更是相得益彰。

羅伯‧沃德斯可以說是當今社會上少見的紳士。他為人正直、有魅力,還有
一對深邃雙眼;羅伯是那種你一暫時離開位子,就會立刻為你斟酒的人。他會讓
你如沐春風——即使你們十分鐘前才剛認識。有些男人會畏懼女人,害怕她們的美
麗與權力,進而藐視對方(當然,在美國這樣的過程會比較迂迴一些)。有些人卻
會真心地愛女人,珍惜她們的美麗與獨特的勇氣。羅伯正是後者。他不是你想像
中那種華爾街粗魯的商人。「自從認識奧黛麗之後,我比較會穿衣服了。」他笑
笑承認說,回想起奧黛麗總是為他買圍巾和領帶,以及在鄉間穿的毛衣:「誰不
會被她潛移默化呢?」

一九八○年底,羅伯搬進和平之邸與奧黛麗同住。她之前的兩段婚姻都是一
場災難。即使對她的丈夫不是災難,毫無疑問地,對她確實是一場艱辛的磨難。
羅伯與奧黛麗之間沒有所謂結不結婚的問題。就像羅伯說的,結婚不啻是把她抓

回電椅，讓她再坐上去。只要兩人真心相愛，他就絕不允許這樣的事情發生。他不會讓她再去思考結婚的事情。

奧黛麗的母親艾拉很喜歡羅伯，這是毋庸置疑的事。她於一九六〇與七〇年代在舊金山一家退伍軍人醫院工作，為從越南返鄉的退伍軍人籌募基金。現在她的健康狀況已日漸衰弱，和奧黛麗一起住在和平之邸。儘管羅伯認識艾拉時，她是臥病在床；但她仍堅持要出席，也表明她很高興奧黛麗與羅伯可以相識相愛，特別是大家都是同鄉。沃德斯記得：「當我和奧黛麗開始在一起時，奧黛麗的母親就住在這裡，後來我們也成了好朋友。奧黛麗和她母親之間常有摩擦，因為她母親相當嚴厲，不太會表達她自己的情感；她非常關心，也很在意奧黛麗，但卻無法表達。所以她叫我當橋樑，因為她知道我會傳達她對奧黛麗的感情，尤其她很高興我們都會說荷蘭語。」

奧黛麗與她母親的關係，對於奧黛麗後來成為這樣的女性，具有舉足輕重的意義，在此我們必須多做一些討論。《甜姐兒》的編劇里奧納喬許於拍攝舞蹈那段戲時，在巴黎和艾拉首次見面。「通常在片場，最不需要出現的人就是編劇和演員的母親，所以我們兩人就離開現場，到附近的餐廳喝杯酒。我們就是那時展開這段友誼的。」喬許和沃德斯一樣對這兩位女士都很了解，可以近距離地觀察這對母女的關係。

「艾拉和奧黛麗一樣都很幽默，」喬許回憶說：「但不幸的是，她們在一起時一點也不幽默——她們無法一起開懷歡笑。我很喜歡她母親，但奧黛麗似乎不怎麼喜歡她……艾拉扮演著嚴母的角色。她一談到奧黛麗就像變了個人似的，對奧黛麗很挑剔，此刻她很認真地扮演著男爵夫人的角色。」

「但是，」他繼續說：「艾拉非常堅持己見，奧黛麗也是這樣的人。所以奧黛麗從來沒了解她的母親，她們更不知道彼此是如此相像。艾拉覺得奧黛麗是個很好的演員，但她從來不會這麼告訴她的女兒。她以身為奧黛麗的母親為榮，覺得這件事比當個男爵夫人還重要好幾倍。」

「奧黛麗曾經告訴我，她覺得她的母親不愛她，但艾拉真的愛奧黛麗，相信

我。人們常常不會告訴心愛的人說他們愛對方，他們反而會跟別人說。如果艾拉是我的母親，我也會恨她，」喬許這樣推測。「但我很愛她，因為她是我的朋友。」

雖然她們之間存在這些歧異，但奧黛麗從未忘記她母親所給予的一切──戰時的呵護照顧、搬到倫敦，以及在她早期的事業上盡其所能地幫助她。她一直很確定要讓母親過著舒服的日子。除了在舊金山那幾年，艾拉其實都不定時地和奧黛麗住在一起，有時候一住就是好幾個月。在她去世前十年，男爵夫人幾乎都與奧黛麗住在和平之邸，受到奧黛麗的悉心照顧，她逝於一九八四年八月二十六日。

後來就剩奧黛麗與羅伯兩人在瑞士相依為命。因為孩子們長大了，母親也去世了，剩下的就是他們倆和狗兒。奧黛麗七點左右起床，早餐喝些咖啡和許多牛奶，以及全麥土司、自製果醬。她不像另一個年代的絕世美女，如芭比波麗或是葛洛莉亞珍妮絲，為了保持美貌可以不計一切代價，奧黛麗在家裡從不化妝。「我希望你不要介意，」她這樣告訴訪客：「這是我的時間。」沒有人會介意。他們覺得她的臉上沒有睫毛膏、口紅、擦粉或是裝飾品，反而更漂亮。

雖然在《第凡內早餐》裡光鮮亮麗的荷莉歌萊特，可能會使你有不同的印象，但奧黛麗是不戴珠寶項鍊的人。因為她都待在花園或是廚房做家事，根本不需要穿金戴玉。唯一例外戴在手上的戒指，是羅伯有一年送給她當做聖誕禮物的鑽戒。「我們沒有結婚，所以你可以說這是訂婚戒指。」羅伯平靜地說。後來西恩把第一次在香港拍片領到的片酬，拿去買了個藍寶石送給她，她把它做成尾戒。這兩只戒指都戴在她的左手小指上。

奧黛麗也不戴手錶。事實上，她很討厭手錶。但她卻一向準時。她到底是如何做到的？「我猜那是一種守時的本性吧。」羅伯微笑地說。在認識羅伯之前，奧黛麗即相當重視守時的概念，把它視為體貼的象徵。朋友都認為這是荷蘭人的好傳統，她和羅伯都有這種特質。奧黛麗一向會讓自己有充裕的時間準備，這樣才不至於慌張匆忙。

奧黛麗之所以不會在最後一分鐘匆匆忙忙，是有她自己的祕訣。只要是必須出現在重大場合，她一定會事先試穿她當天的衣著，從容地進更衣室裡，整理好頭髮、化好妝、穿好絲襪和鞋子。打從她為派拉蒙拍片時，她就知道絕不可能抓到什麼就穿什麼，這樣穿出去絕對不好看；整體造型是最重要的。

從他們兩人開始生活在一起後，羅伯記得只有一件衣服不太適合奧黛麗。一九八五年十二月西恩與義大利設計師瑪琳娜史巴德佛娜（Marina Spadafora）在洛杉磯的聖彼得教堂舉行結婚典禮（他們後來在一九八九年離婚）。紀梵希為奧黛麗做了一件上衣很合身，但裙子往外散開的洋裝。「這件衣服看起來像是倒掛的鬱金香，」羅伯還記得它的樣子。紀梵希替奧黛麗設計衣服時，很喜歡加一點花樣與變化，這件卻有了反效果。「這套洋裝讓奧黛麗看起來身材沒變得更好，」羅伯說：「它不太適合奧黛麗。」因為兒子的婚禮對奧黛麗是大事一樁，加上她和紀梵希一直在時裝設計上有很密切的合作，羅伯婉轉地建議這件衣服可能不太適合她穿。他們當時是在康妮的家中，她也很不得罪人地同意了。奧黛麗很快地打了電話給修伯特，請他趕快再送另一件衣服過來。因為她的資源豐富，奧黛麗才得以將這件不合適的衣服再換成另一件。

儘管羅伯是奧黛麗的神仙伴侶，但他畢竟是個男人，非常討厭逛街。在羅馬時，奧黛麗會讓他在露天咖啡座喝卡布其諾、看報紙，好整以暇地等她選購好費洛加莫的鞋子。「喔，我不能忍受逛街，我待在店裡會瘋掉。」他很堅持。但是他偶爾還是會陪著奧黛麗一起出席紀梵希的私人服裝發表會。這個他倒是很喜歡。

奧黛麗閑居瑞士時，大多穿著牛仔褲及鱷魚牌（Lacoste）的運動襯衫，但不繫腰帶。她不喜歡繫腰帶，除非是穿著洋裝；穿牛仔褲時她絕對不要繫腰帶。她待在花園時，通常是穿著平底鞋或是拖鞋，有時還穿著荷蘭木屐。即使她遠居瑞士──過著和小狗玩，悠閒地閱讀傑佛瑞艾契（Jeffrey Archer）與肯佛列特（Ken Follett）的書，奧黛麗仍對女性時尚與女性有著影響力。即使是在八〇年代，當羅伯與其他的夫婦一同出遊旅行（如果運氣好的話，有時是搭乘朋友的私

人飛機），還是會有許多女性一知道奧黛麗會出現，就做出四○與五○年代的打扮，身著高級毛料套裝，帶著口袋書、帽子出現在機場。結果奧黛麗反而是穿著牛仔褲與T恤，和一件運動外套。毋庸置疑地，她還是比眾人更有格調，即使這些人擁有私人飛機。

　　儘管她的影迷視她為公主、瑟賓娜或荷莉歌萊特，早在羅伯認識她之前，她穿過的精品服飾，就已經送給親朋好友了。如果她有重要的場合必須穿著新的晚禮服，她就向修伯特借。在她去世之前，四大箱共二十五件的洋裝與晚禮服，早已還給紀梵希做為他私人的收藏。在她身後，絕對不需要再為赫本的個人物品舉行蘇富比拍賣會。

　　奧黛麗在好萊塢曾經有過璀璨的生活，她現在的生活也很充實，根本無暇，也沒有心思沈醉在過去或為緬懷過去恍惚出神。「我不會看著多年前很喜歡的外套，而懷舊不已。」她承認。「我穿過這件衣服，它帶給我溫暖；但我活在當下，這件外套已是陳年舊事。即使是我自己的照片，我也不會看著十五年前的照片顧影自憐，雖然我會很高興或是喜歡過去的樣子。」事實上，一九九二年時，奧黛麗曾經沈思這樣的問題，「希望在我從影初期，有人可以警告我：『有一天人們將會問你當年拍片的軼事。』那麼，我可能會開始寫日記，寫下那些共事過的一些傑出同事，以及與他們共處時，我對這些人與事的觀察。」奧黛麗從不寫日記的。

　　對於她的電影事業，她也不怎麼留戀感傷。一九八八年荷蘭舉辦了電影回顧展，以她主演的《甜姐兒》做為開場，她對著主辦人林德鐘（Leendert de Jong）說：「希望你拿到的是一份很好的拷貝，顏色還很鮮豔。」「她上次看這部電影是在什麼時候？」他心裡納悶著。答案是：首映。更有趣的是，羅伯從來沒有看過這部電影。有次電視播出《第凡內早餐》時，她和羅伯那晚正好在家。奧黛麗最喜歡的是帶著萬聖節面具的那一幕。

　　儘管奧黛麗喜歡那些共事的人，也全心演好電影，但電影在奧黛麗的情感生

活裡並未佔有重要的地位。「對於我演的電影，我無法像懷念充滿悲歡歲月時所住的房子，或是和孩子一起待過的地方那樣地懷舊。」的確，奧黛麗最愛的就是羅伯、她的寵物與她的花園，但她這一生的最愛則是被她視為「偉大成就」的兩個兒子，西恩與盧卡。奧黛麗曾經表示過：「即使當我還是個小孩時，我最想要的便是孩子。小孩才是我人生的真實部份，至於電影只不過是童話故事罷了。」

一九八九年一月，奧黛麗接到了洛杉磯一位製作人珍妮絲布萊克席勒格的電話，邀她主持《世界花園》（Gardens of the World）公共電視節目。她很快地告訴珍妮絲說，她本身根本不懂花園園藝，她只是喜歡穿著牛仔褲，花好幾個鐘頭待在花園裡。她承認她最喜歡的治療就是撒種子。與節目另一位會出現的專家潘尼羅普哈伯赫斯（Penelope Hobhouse）相比，她對節目又能有什麼貢獻呢？不過，這樣的建議聽起來很不錯——和羅伯走遍全世界最美麗的花園，這真是很好的人生經驗。

同時，奧黛麗已為聯合國兒童基金會展開一些小型的活動。一九九〇年指揮家兼作曲家，同時也是邁阿密新世紀交響樂團的指揮——麥克提爾森湯馬斯（Michael Tilson Thomas）突發奇想，安排奧黛麗赫本在閱讀《安妮日記》（The Diary of Anne Frank）時，他就在背景處指揮交響樂團演奏。他自己並不知道這個想法，對奧黛麗具有多重大的意義。

安妮的生活多少也反應了奧黛麗童年時的歲月，奧黛麗早在荷蘭文版於一九四七年出書時，即已讀過安妮的日記。它深深地觸動了她的心弦。正如她告訴賴瑞金（Larry King）說：「對安妮法藍克而言，大戰勝利來得太遲，在我為了學芭蕾舞而與母親搬到阿姆斯特丹時，同住的還有一位女作家，有天她給了我一本書，她說：『我覺得你會想看看這本書。』它是一九四七年荷蘭文版的《安妮日記》。這本書快令我崩潰了……常常有人要我演出安妮的舞台劇或是電影，我一直做不到。每次我都會淚流不止，變得歇斯底里。我就是無法面對這些故事。」

喬治史帝文斯（George Stevens）一九五六年邀她飾演電影版的安妮一角

時，她婉言謝絕，說以她二十九歲的年紀，並不適合演一個十四歲的小女孩。事實上，她是不堪回首過去那段悲慘的往事——過去種種已經夠令人心碎了。安妮的故事有許多地方其實也是奧黛麗的故事。「我認識許多女孩子就像安妮一樣，」她回憶過去：「躲在暗室裡，寫出所有的經歷與感受。」

一九九〇年，儘管她內心對戰時種種有許多恐懼，在湯馬斯的鼓勵之下，奧黛麗擔任了《安妮日記》的敘述工作。暌違三十五年後，她首次出現在舞台劇；其實，主要也是參加在美國五大城市演出的聯合國兒童基金會募款音樂會，並於一九九一年與倫敦交響樂團共同演出。她希望藉著她的努力，可以表達對安妮的懷念與致意。很重要的一點是，她知道這樣做可以加惠兒童。

麥克與奧黛麗一起工作的期間，和她漸漸熟了起來。被問到該如何形容她時，他說：「她是我見過的人當中，最真摯的一個人。她具有和人熟識的特質，即使她才第一次見到你。她先是在剛見面的幾秒鐘內會很驚訝——彷彿是說：『我親愛的朋友，你突然出現了，我很高興再見到你！』她會讓你覺得你們兩人之間有許多可以分享的祕密，有著你們兩人才聽得到的美妙旋律。」

但我們談到奧黛麗的風格時，他記起一些關於她的軼事。就在倫敦的首演前，奧黛麗對於該穿什麼，非常猶豫不決。湯馬斯說：「她說：『我不知道該穿褲裝還是洋裝。我穿給你看看！』她於是跑到隔壁換了一件非常優雅的褲裝，卻突然擺了個很男性化的動作。接著，她很正經地說：『現在我換洋裝給你看。』她又消失了。之後，穿著那件可以展露她姣好身材的紀梵希洋裝出現在我面前。我完全地呆掉了。我只是站在那裡，張口結舌說不出半句話來。過了一會兒，她看著我很溫柔的說：『我猜你比較喜歡這件洋裝。』」

經由她與聯合國兒童基金會的工作，奧黛麗用她的聲音、面孔以及任何人們對她感興趣的地方去幫助兒童，並回饋過去曾經幫助過她的一個組織。的確，奧黛麗在大戰結束荷蘭解放後，曾經接受過聯合國的援助。現在，正是她為他們出錢出力的時候。

奧黛麗還記得當時的「聯合國難民與救濟組織」（聯合國兒童基金會的前身）

的工作人員發放食物、毛毯以及醫藥給地方學校，並將所有空下來的建築物都塞滿物資。她跑到一間大教室裡，挑到她要的外套、毛衣與裙子。「這些衣服好漂亮，而且都是來自美國。」她回想起過去說：「我們都在想，怎麼有人有錢到把這麼新的東西送給別人？」軍隊解放安恆，讓她到現在都還記得英國香煙的味道。她實在愛死了這些美國大兵爽朗的笑聲。她一直都把自由和煙草的味道聯想在一起。人生峰迴路轉，何其有趣——就像她可以遇見羅伯。如果他們是在她十八歲時相識，她可能永遠不會欣賞他。

許多訪談都會問到他們何時要結婚，奧黛麗套用威廉惠勒的話：「東西沒壞，就不用修理。」而在攝影機不斷轉動的當兒，她笑了一下。對於未來她還有許多期待。史蒂芬史匹柏上星期才打電話過來——他寄了一份劇本，希望她在《直到永遠》這部電影裡，飾演一位好心的天使。這部電影將在蒙大拿（Montana）開拍，這是她未曾去過的地方。她不知道是否要接演這個角色，退休之後，她真的不需要接太多的工作。她彷彿又回到多年前，倫敦那個瘦瘦的芭蕾舞者參加《羅馬假期》時，忐忑猶豫的心情。

關於未來，誰能預料呢？沒有人可以事先做好計畫。她的孩子都已健康地長大成人，羅伯和小狗們相伴在旁，又有勤快的管家幫她照顧花園，和平之邸的安適歲月是她這一生最快樂的時光。

廚房裡的奧黛麗

奧黛麗的朋友覺得有些事情令他們生氣，那就是媒體謠傳她有厭食症。「奧黛麗很喜歡吃，」康妮華德不屑地揮著手，對於這樣的傳聞嗤之以鼻：「她是個很棒的廚師，她最愛和孩子們一起待在廚房裡。」奧黛莉懷德也同意她的說法。「她其實是個很喜歡食物的人，只是她怎麼吃都這麼瘦罷了。她是個注重健康的廚師，她也吃得很健康，這是毋庸置疑的。」茱莉萊佛曼（Julie Leifermann）曾經因為拍攝《世界花園》而跟著奧黛麗旅行了三個月之久，更覺得奧黛麗很了解蛋白質與碳水化合物之類的常識，也懂得攝取營養保持體力。萊佛曼記得：「她吃很多的水果，而且吃得很均衡；她不希望自己陷在大餐裡無法自拔，因為我們都要起個大早錄節目。當她工作或是旅行時，她會吃得很健康，吃一些會帶給她體力的食物；偶爾縱容自己一下，其實也沒有人會注意。」

奧黛麗最喜歡做的菜是什麼？義大利麵。在羅馬生活幾年之後，她就從新手變成廚藝精進的專家。康妮有一本標題寫著「和平之邸」的皮革相簿裡，就有許多在那裡吃午餐時所拍的相片；例如，西恩七歲的生日聚會上，喬維諾端上一盤清爽的沙拉，底層有自己種的萵苣、熱狗、青豆和橄欖油醬，甜點則是鮮奶油藍莓。

奧黛麗喜歡吃葛藍尼史密斯（Granny Smith）青蘋果當點心，但她最喜歡的還是巧克力。莎莉麥克琳還記得奧黛麗為《雙姝怨》的演員及工作人員，做了可口的糕點，「上頭還灑了一層糖粉」。奧黛麗也喜歡吃瑞士巧克力火鍋，有時候下午就會吃上一兩盤。「你知道奧黛麗的窈窕祕訣嗎？」班克斯曾被問及奧黛麗是如何保持身材的。「她什麼東西都吃，但絕對不會過量。」

除了戰時物質的匱乏，使得奧黛麗的新陳代謝功能不良，奧黛麗一直都蠻有活動力的。她不是那種會坐著看電視，而不去花園做事的人。她喜歡呼吸新鮮空氣。晚餐之後，奧黛麗最喜歡做的就是遛狗。奧黛麗可不是在鄉間閒逛，她幾乎是用跑的。一些不太熟悉她生活作息的客人，和她散步時，得在瑞士鄉間小道上氣喘吁吁地趕上奧黛麗的速度。

根據奧黛麗的朋友說，她幾乎是不吃垃圾食物。她幾乎不曾走進過任何一家麥當勞，雖然有時為了趕電影，她和羅伯、康妮會在日落大道上的「漢堡農莊」（Hamburger Hamlet）吃東西。吃完飯，他們一定會再吃個熱焦糖蛋糕。

如果你覺得需要重溫赫本式的廚房時光，那麼早餐就吃全麥土司塗上自製的覆盆子果醬，午餐吃一顆葛藍尼史密斯蘋果，外加瑞士巧克力火鍋。晚餐就吃義大利麵拌番茄大蒜醬，或是義大利潘尼麵吧！保證你一邊吃，也會一邊想著奧黛麗。

我想許多人都不知道，
她是相當相當地緊張，

奧黛麗出現在公眾場合演講時，

但她卻總是可以很優雅地講完。

——南西雷根

我不相信集體罪惡，但我相信集體責任。

——奧黛麗赫本

窈窕淑女

　　一九九〇年四月奧黛麗在荷蘭，鬱金香花團錦簇的基肯賀夫（Keukenhof）公園，為公共電視台主持《世界花園》節目，專心地研究著台詞。她穿著合身的白色長褲、喀什米爾毛衣，裡面則搭配著白色襯衫；她自己又在劇本裡加了一些話：「我覺得如果上帝想完成拼花被單，應該就像這樣子。」她站在一望無際的鬱金香花海前如是說。

　　奧黛麗穿著休閒的雷夫羅蘭服飾。她和羅伯赴南西雷根的白宮晚宴適合穿著紀梵希的衣服，但是雷夫的日常居家服，很有美國風味且風格獨具，最重要的是可以傳達奧黛麗此刻的心境。雷夫以設計師的角色向奧黛麗說：「你將我最在意的部份呈現無遺。」他告訴她說：「鄉村、朦朧的早晨、夏日午後、寬闊的曠野、馬匹、草地、蔬菜園、壁爐以及傑克羅素犬。以男性的角度來看你，我佩服你的真誠不虛。」再也沒有人可以這樣貼切地形容奧黛麗了。

　　羅蘭一向尊敬奧黛麗。從他在布魯克林區的羅伊戲院看了《羅馬假期》之後，奧黛麗就是他的偶像。被問到他們在花園系列的合作情景，羅蘭說：「任誰都會放下自己手邊的工作，來幫奧黛麗設計服裝。」

　　為了為期三個月的拍攝工作，奧黛麗、羅伯與執行製片珍妮絲布萊克席勒格，以及製作人史都克朗勒（Stuart Crowner）和雷夫羅蘭以及創意幕僚一起在紐約開會。奧黛麗召開了一場私人服裝秀，以便決定她該穿哪些衣服。奧黛麗敏銳的藝術眼光，不僅可以讓她決定這些衣服穿在她身上是否好看，她更考量到服

飾與介紹的花園是否能夠搭配。在巴黎郊區的玫瑰花園，她穿著最淺的粉紅色裙裝，肩線柔和的上衣。當她前去蒙特維儂（Mount Vernon）的喬治華盛頓花園時，她則選了一件合身鑲有金色鈕釦、尼赫魯軍服領的白色上衣。

未曾接觸過高級時裝界的史都克朗勒，在此之前對於時尚流行並不清楚；奧黛麗與雷夫在討論服裝時，他感到相當新奇。「他們好像是時尚大師，我覺得他們非常尊重對方，也欣賞對方的才華。任何事都難逃他們的注意。」

他們對服裝小心謹慎的態度，也顯現出奧黛麗與羅蘭的善體人意。有一次史都知道要和這些很懂服裝的人開會，特地去買了一套新西裝。他說：「我覺得自己看起來一定很棒。會議進行地相當順利，會議結束時，我回到飯店脫下外套放在床上。」克朗勒一想到他接下來要說的事，不禁自己先笑了起來，「西裝下襬還縫著大大的價格標籤。他們一定都看到了，因為我在說明重點時，曾經把手舉高。但他們是如此優雅的人，沒有人指出這件事，他們知道這樣會讓我很尷尬。」

奧黛麗與雷夫的友誼還延伸到他們花園合作案之外，後來她和羅伯還去他們在牙買加的房子拜訪。這兩對夫婦應奧黛麗一時興起的邀請，一起待在雅典飯店的套房，邊吃披薩邊看奧斯卡頒獎典禮。奧黛麗與羅伯，還有雷夫與麗琪就像大學新鮮人一樣坐在地上，吃著披薩，喝著飯店的啤酒，一起觀賞他們最喜歡的節目。

奧黛麗是執行製作布萊克席勒格最佳的花園系列節目主持人選。「花園與奧黛麗是非常登對的組合，」她說。「我們一提到奧黛麗赫本的名字，大家的頭都抬了起來。」雖然大家都想到預算問題，克朗勒說：「我們很期望有人贊助這位明星的髮型與化妝，由於我們選定她來當主持人，我們就需要原班人馬一起跟著到處工作。這樣預算就要多出二十到三十萬元。我們問奧黛麗有哪些人幫她打點服裝、髮型與化妝的事情，她就列出一些和史蒂芬史匹柏合作《直到永遠》時的工作人員名單。我們於是開始討論，向公共電視台多要預算，但實在是太貴了。」

三星期之後，製作人接到了奧黛麗的電話，她說：「我想如果你可以每四天，無論我們在哪裡，幫我找到吹風機、燙衣板和熨斗的話，我就可以自己做頭

髮、化妝、打點服裝。」布萊克席勒格回絕了她的想法。

「我喜歡燙衣服，」奧黛麗堅持。「不行，你不能自己燙衣服。」布萊克席勒格回說。她實在無法想像，如果製作人讓備受愛戴的奧黛麗自己去整理髮型、化妝，還要燙衣服的消息傳出去，會是怎樣的情景。他們邀的可是一位奧斯卡提名五次的大演員──他們可不是執行紐約大學影劇學院的案子。「沒關係！沒關係！」奧黛麗的笑聲從瑞士打來的電話裡傳了出來，「我真的喜歡燙衣服。」

後來奧黛麗真的自己燙衣服了。史都克朗勒還記得有一次清晨五點到她家敲

門，接她去拍片。羅伯來開門，而奧黛麗正忙著燙衣服——雷夫羅蘭設計的裙子。他想或許她把這些事情當做是一種獨立的象徵，不必讓髮型師與化妝師替她擔心。

他們在《世界花園》一整季的拍攝過程中，天天朝夕相處，製作人與工作人員更是清楚奧黛麗真正的為人與待人處世之道。她的專業讓共事者樂於和她合作。珍妮絲記得：「她一向準時並準備就緒。她把台詞記得很熟，事實上，她的建議讓台詞更加生動——她其實應該去替那些名人上一課才對。」製作統籌人茉莉萊佛曼，負責打點她巡迴演出的生活，後來也與她很熟，同意珍妮絲的看法：「認識奧黛麗之後，我對名人的忍受度就變低了，奧黛麗真的要對此負責——假如連奧黛麗這樣的大牌演員，三個月來都可以巡迴演出；比其他百分之九十九‧九的人都要有才華，準時出通告，知道自己要做什麼，在鏡頭前既專業又輕鬆，表現得又好——當我習慣她這樣的行為之後，我就不太適應伺候名人這件事。今天的名人都應該進入奧黛麗學院學習一下如何成為明星。她應該開課授徒或是寫一本這樣的書。」

螢光幕後，珍妮絲見識到奧黛麗，「她常戴的那幾款帽子，以及在飯店的親筆簽名。走到哪裡都有大批影迷蜂擁而至，在巴黎的雅典飯店門外，許多人拿著她八乘十的光面照片、電影海報，他們知道奧黛麗住在飯店裡。所以，只要車子停下來，她就會與大家招手。而一到飯店，接著又是雞尾酒會。」茉莉笑說：「所以，她只要離開飯店，就會立刻換下正式的衣服，換上舒服一點的衣服，像是牛仔褲。」

奧黛麗在這整個系列裡看起來都很棒，因為她懂得調配時間。她和製作人研究好，一天錄影四個小時——早上與下午各兩個小時——因為她需要休息，才可以表現得好。「這樣對我們很好，」克朗勒說：「出外景的話，並不需要挑在正午時分錄影，這時候陽光直射；最好的採光角度是傍晚和早上。奧黛麗顯然懂得這個道理。所以，中午我們可以處理別的事情，之後再打電話給她。」

當然不是每次都可以這樣順利。在英國拍攝時，奧黛麗一直忘詞，弄得導演

十分緊張。「我真的快受不了她了，眼看著太陽就要下山……。」那真是難熬的一天，導演對她有點兒生氣。「好！奧黛麗，我們再來一遍。」這個人可是演過大導演比利懷德與史丹利杜寧導的戲！英國的工作團隊很棒，他們也相當喜歡奧黛麗。他們對花花草草其實沒興趣，大家都是為了想與她共事而來。在這個氣氛緊繃的時刻，其中有人給導演一個建議：「導演，要怪就怪情勢所迫，不要怪經費太少。」

克朗勒覺得奧黛麗的專業表現十分優雅，是因為教養的關係。「我記得曾經讀過一篇文章，」他說：「是關於在英國上流階層長大的人，他們被教導舉止要優雅，而不像七〇或八〇年代的美國人——心裡想什麼就去做，什麼事情都不要擺在心上！奧黛麗是個性溫和的人，她對於別人的感受也很關心。換句話說，她對於別人的感受，覺得遠比自己的感受要來得重要。我確定她很懂得照顧自己精神上或是心靈層面的事情，但她絕不會不顧朋友或同事的感受。」

「我一直教育我的小孩，」他繼續說：「在想到自己的時候，也要考慮到別人。例如我接電話時，我會說：『是！』或是『史都克朗勒！』但奧黛麗說：『是～』讓對方覺得『喔！她想聽到我說話！』這樣做好像有點瘋狂，因為她又不知道電話是誰打過來的。她讓你感覺很好，她是故意這樣做的。為何大家都覺得她有皇室氣質？」克朗勒覺得：「一定和她那種平和的表現有關。如果她並不喜歡我，我也不會知道。」他笑著說：「你知道嗎？也許那是因為她當演員的關係，但我並不想深入分析，因為我覺得和她說話很開心，這樣就夠了。」

在錄影結束後，奧黛麗知道製作人手頭很緊，她和羅伯還一起請工作人員吃飯。為了感謝羅蘭的出力，奧黛麗寄上了一個木製盒子，裡面有她家花園所種植的玫瑰照片，她親自為他摘下的。如果你收到奧黛麗的禮物，你可以感受到她的誠意。

在她主持《世界花園》的前一年，奧黛麗在史蒂芬史匹柏導演的《直到永遠》裡飾演天使哈普（Hap）一角。她在片中穿著寬鬆的長褲與高領套頭毛衣，這是她和艾倫密羅尼克（Ellen Miroinick）一起合作設計的服裝。在這部片中，她乘著一道白光面帶笑容出現，而整個背景是金黃色的原野。雖然誰也沒料到這是她最後的一部電影，但這部電影卻真實反映出她的精神哲學。這部改編自比特桑迪治（Pete Sandich）的經典小說《一個叫喬的人》（*A Guy Named Joe*），由李察德瑞佛斯（Richard Dreyfuss）主演，描述一個喜歡冒險的傳奇飛行員，為了冒險救朋友的性命而犧牲了自己，他想要幫助心愛的女人尋找真愛。

史蒂芬史匹柏發現「奧黛麗比我想像得要樸實」，在十天的拍攝過程中，他記得作者和她一起研究她的聲音。「這是飛行員、鋼琴家和其他人所仰賴的，」奧黛麗這樣詢問比特：「他們追尋、祈求它，而這常常也是他們最需要的。這是他們在呼吸間得到的，這就是所謂的精神與激勵。但現在我們必須將它表現出來。這就是我們要做的。」

在幕後，奧黛麗對於在蒙大拿拍片的感覺和在《甜姐兒》中與弗雷亞斯坦淋溼的感覺一樣。奧黛麗和德瑞佛斯的第一幕戲，她必須站在綠茵如織小島上的一棵樹旁，那棵樹代表從人間長向天國的樹。這棵樹被一片樹林所圍繞著，但樹林在兩年前已變成焦土。奧黛麗的車子緩緩從遠處開過來，每個工作人員幾乎都定住不動，雖然每個人都看過奧黛麗赫本主演的電影，卻不曾見過奧黛麗本人。史蒂芬娓娓道出當時的情形：「你可以想見有八十個人，個個瞪大眼睛看著她，奧黛麗很快地就渾身不自在。畢竟，她並不希望得到特殊待遇，而我之前也答應過。更糟糕的是，她穿著一件純白精緻的衣服，根本不適合在這種泥濘土地上出入，所以她從車子到天堂的這段路，只好被抬著過來。大家這樣看著四個工作人員扛著坐在椅子上的她，走了五十碼的泥巴路——她在我們所有人的夢裡一直像個公主——走到她的位置和進入打光區裡。」

奧黛麗並不是只在她的第三部與最後一部電影中扮演天使，奧黛麗一直都在

幫助別人。「所謂樹大招風，」奧黛麗深知這樣的道理。「但我希望我的名氣可以用來幫助兒童。」一九五九年她在《修女傳》裡面扮演修女，是一個愛上帝甚於一切的人。在白色道袍下，她美麗的臉龐更加動人，因為她立志要改進剛果地區兒童的生活。羅伯覺得這部電影真是奧黛麗的心理寫照，即使到今天他都沒有勇氣看這部電影。一九八九年與她在《修女傳》裡的表現竟不謀而合，現實生活中的奧黛麗穿著牛仔褲與運動鞋，深入衣索匹亞去撫慰每個兒童的心靈。

一九八八年，她的孩子已經長大成人了，她開始了這項工作，而這也是她生命最後五年裡主要的工作：擔任「聯合國兒童基金會」的親善大使。奧黛麗相當適合這項工作，沃德斯說：「她一直都很反對歧視、不寬容與憤怒這些行為。也許這些行為不是針對她，但只要是她察覺到的，她也不喜歡。或許這是她對待每個人都力求公平公正的原因。她尤其不能忍受不公平的事情被她看到。」對此，奧黛麗說得更簡單：「我這一生都渴望扮演那樣的角色，我終於得到了。」

她代表聯合國兒童基金會，出使到澳門、日本、土耳其、芬蘭、荷蘭、中美洲與澳洲。奧黛麗散發出她內在最善良的本質，她在此愈顯發光發熱。約翰艾薩克（John Issac）這位曾經在基金會工作達二十年之久，且常常得獎的攝影師，隨同奧黛麗、羅伯一起到衣索匹亞、孟加拉旅行。也許因為他們共同看到的悲慘情況，很難與那些沒經歷過的文明人一起分享，奧黛麗與約翰成為非常要好的朋友。「奧黛麗是個很有深度且敏感的人。她絕對不會去冒犯任何人，即使那些人處於飢餓、瀕臨死亡。尊嚴對她而言，是最重要的東西。」

艾薩克覺得和奧黛麗共同旅行的經驗最值得紀念。他們首次共同旅行是在一九八八年到衣索匹亞去，當時艾薩克是被派去為聯合國兒童基金會拍攝記錄照片。「我們一起前去，一開始就處得很好。她是個很幽默的人，我們可以開玩笑，但同時她也是相當敏感的人。」在他們共處的這段時間，約翰與奧黛麗幾乎無所不談──約翰談及他到全世界攝影的經驗，談詩，甚至聊到精神上的事情。「有一次我們提到生命權，她問我，誰對生命有權利，我說我可以對自己的生命負責，但我不要靠著點滴耗在那裡……。當時她說：『沒錯，約翰，我想的跟你一

樣。』她希望臨終時,要走得很有尊嚴。」

從艾薩克說出兩人交往中的一些軼事──便足以顯示出她像個真正的貴族,遵循著心中的那把尺,去做她認為對的事情。他記得「許多主管都會邀她共進午餐,但她都拒絕了,她只會跟我一起吃午餐,如果你看看組織圖,」艾薩克意有所指地笑著:「我是聯合國裡層級最低的職員。所以有個主管跑過來對我說:『你不能接受她的邀約,因為其他的人會很生氣,我們大家都在同一個餐廳吃飯的啊。』所以我就說:『奧黛麗,我中午不能跟你一起吃飯。等我回來,我們再去喝一杯好了。』她說:『你很忙嗎?』我說沒有,於是向她解釋整個情形。結果她竟然說,沒這回事,你是我的夥伴!所以我們要一起吃午飯。這就是奧黛麗的個性,非常地忠實──因為我是她的朋友,就這麼簡單。」

當她在聯合國的工作受到矚目時,有時媒體開始稱呼她為「聖奧黛麗」。她甚少受事情所困擾,但這樣的稱呼卻令她困擾不已。畢竟,奧黛麗是個人,而尊稱她為聖人,就否定她人性中所具有的掙扎與自負;這樣的稱呼遠超過她原本的出

發點。「畢竟，」她說：「我只是做些其他人也會做的事情罷了。」雖然奧黛麗的行為很值得讚美，但她跟我們一樣是凡夫俗子，她也承認——在忙碌了一天後，她會抽根肯特香煙，喝杯威士忌。

法國有句俗諺說：「人到了四十歲，就要為自己的容貌負責。」在她生命最後的這幾年，幾乎已邁向耳順之年，奧黛麗更加清楚她所發現的這個最終，也是最持久的角色——人道主義者。遠離紀梵希的服飾店、百老匯的燈光、好萊塢的歌台舞榭，奧黛麗在她最後這幾年，輕裝便服到全世界行走，幫助沒有政府或少有人理會的兒童，這時的她卻更有魅力。也就是此刻，她的風格更加接近美國風格，卻有她獨特的風範。她的朋友愛娃嘉寶則說：「這世界上再也沒有人可以穿著普通的白長褲與白襯衫，就顯得如此好看。無論她怎麼穿，永遠都是那麼優雅無瑕。沒有皇冠，她依然是位皇后。」

奧黛麗的一生因緣會際地兜了個大圓圈：一九四五年，她的童年時代在荷蘭飽受飢餓折磨，聯合國給了他們家所需的麵粉與牛奶。四十三年後，她以類似的方法回報，她深入各飢荒區，幫助那些遭遇與她類似的兒童。而在服裝方面，她也漸漸褪去她好萊塢影星的完美風采。她後來在達成一些遠超過她在舞台與螢幕上的成就後，奧黛麗反璞歸真，穿起她年輕時候的簡單服飾；當她到國外旅遊時，她總是穿著棉質的襯衫與合身的長褲或牛仔褲。

如果她需要出席一些頒獎典禮（她和葛雷哥萊畢克常在回顧展上見面，他們開玩笑說這是「葛雷哥萊與奧黛麗之秀」），或是參加聯合國兒童基金會的募款晚會，她通常選擇雷夫羅蘭或是紀梵希的衣服，感覺上又回到她喜歡的典雅風格。當媒體試圖挑撥，讓奧黛麗為這兩位設計師分出高下時，奧黛麗說：「擁有修伯特和雷夫的衣服就是擁有絕世佳品，我不想比較他們的衣服，我只想穿他們設計的衣服。」

雖然奧黛麗與羅伯在最後五年完成了五十趟人道主義之旅，但他們每次離開和平之邸，都不會超過兩個星期以上；因為這樣就把狗留在那裡太久了，他們的世界不完全只有聯合國兒童基金會的工作。假日是最神聖的，他們會在和平之邸

與西恩、盧卡共度聖誕節；新年就在范倫鐵諾的公司裡，和其他老友一起過年。
范倫鐵諾回憶說：「如果你邀請奧黛麗參加服裝秀、晚宴或是舞會，她幾乎都會
婉拒。但我記得她當天往返地趕來參加我母親的葬禮。她真是個天使，是個很親
近的朋友。她從不故意顯示她和你的交情——但你知道她會永遠支持著你。」

　　奧黛麗似乎常會有一些出人意表的反應。當她與紀梵希一起到洛杉磯探望康
妮時，他們最喜歡的行程就是到附近的威廉索諾馬（Williams-Sonoma）店裡去
買一些廚房用的小東西。有一次，在前往舊金山的途中，奧黛麗在羅迪歐大道上
的第凡內訂購了一個禮物，她順道取件。結果那個年輕卻警戒心十足的店員竟然
說：「你有什麼證件？」奧黛麗拿下太陽眼鏡，燦然一笑說：「我的臉。」

　　有次到倫敦，奧黛麗與羅伯在一個下雨天，竟與曼諾羅布雷尼克在龐德街不
期而遇。布雷尼克回憶說：「那是我最後一次見到她，她和那位英俊的紳士在一

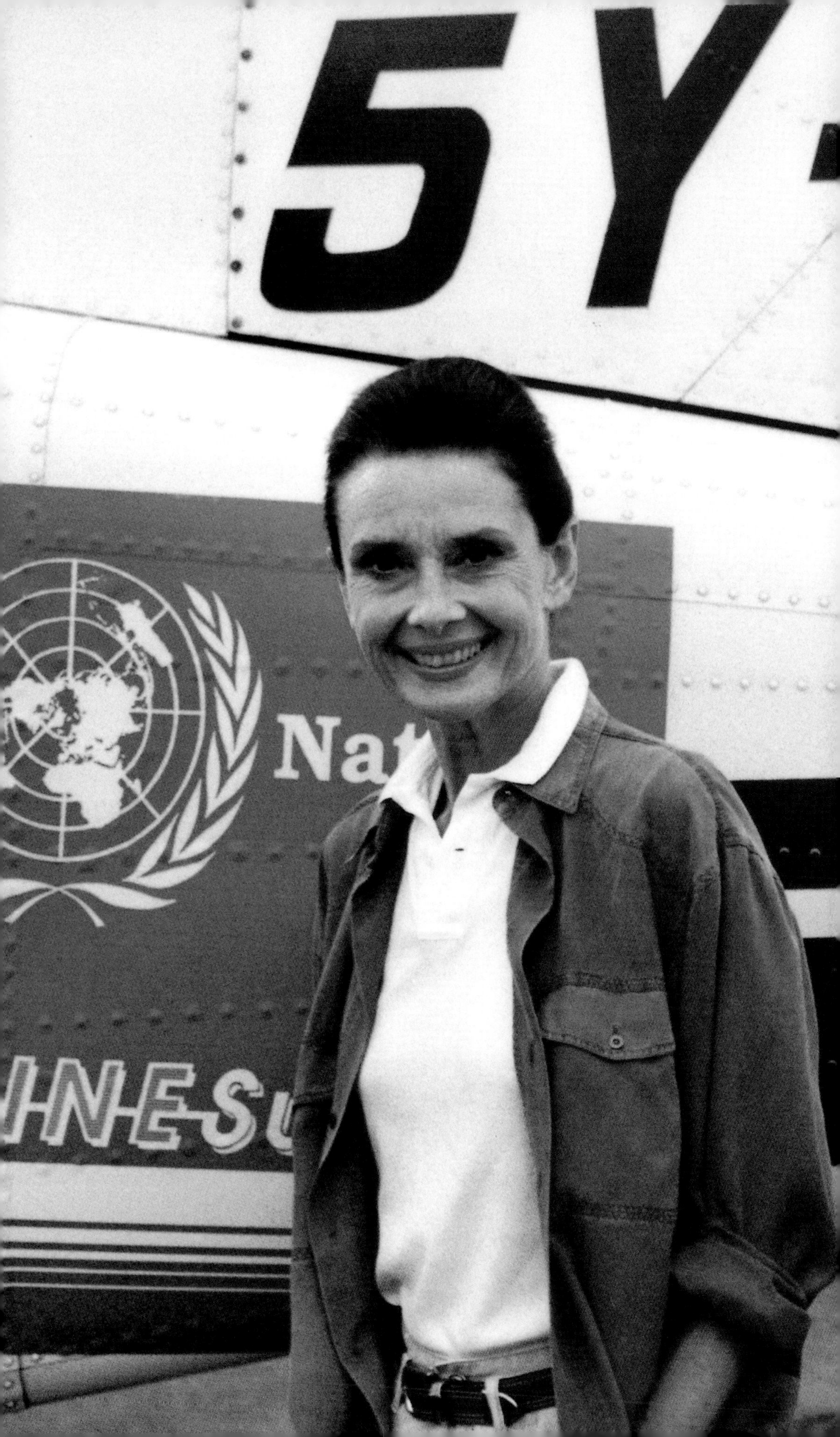
5Y
Nat

起，她那非常優雅的丈夫。我忍不住要注視著他。我正好從書店走出來，嚇了一跳，我看到奧黛麗赫本在等計程車。我是第一個攔到車子的人，於是就讓給她，她對我說：『真是謝謝你，你真是太客氣了！』」布雷尼克笑著，或許這位設計名人的內心裡也有他自己崇拜的偶像，「那次的相遇真是讓我一整天都很高興！」

奧黛麗赫本是少數時尚界歷久彌新的人。因為她害羞的天性，在每個人生階段裡，她做了許多提升，也造成了她命運的轉變。雖然她擁有舉世聞名的知名度，她並不因為名氣大而失去她美好的本質，反而運用她的盛名來幫助別人。她不曾迷失，更未曾墮落。在這方面，奧黛麗赫本和另一位命運乖舛的女性——賈桂琳甘迺迪歐納西斯有異曲同工的命運，賈桂琳在奧黛麗之後也樹立出個人時尚風格。她也和歐納西斯夫人一樣，在生命梅開第三度時——但是卻未結婚，才找到她的真愛羅伯‧沃德斯。

和這兩位女性有著美好友誼的約翰羅寧，他相信奧黛麗與賈姬最偉大的藝術成就，就是她們自己。她們展現在世人面前的典範懿行，也值得每位女性追求。她們擁有完全的自我、獨立、自重與尊重他人。她們從未自貶身價。

「奧黛麗和歐納西斯夫人一樣，知道如何在大眾面前把自己呈現為是上帝獻給人間的禮物。她這輩子並未刻意保有奧黛麗赫本的樣子，因為她並不知道奧黛麗赫本應該是怎樣的，也不知道奧黛麗應該呈現給大家怎樣的形象，她不過是給予大眾一些重要的東西，且值得全世界的女性尊敬、模仿與夢想，並覺得『像奧黛麗赫本是一件很好的事情』。是的，真的很棒！如果每個人都像奧黛麗赫本這樣，這個世界將會更美好。」

「與其像現代人普遍表現出來的冷漠，」羅寧觀察到：「這兩位女性卻一點也不冷漠。她們展現出女性的溫婉，並且對你敞開雙臂，從她們開始跟你談話時，她們就是真實不欺。她們知道可以給予人們很多的東西，她們也從不吝於付出，她們用這些力量來幫助人們。奧黛麗與歐納西斯夫人都有寬容慈悲的精神，一樣都是擁有大智慧的人——我們不要忽略她們有著偉大的心靈、層次與心胸。她們可以做的——從赫本小姐的作為看得出來，不僅僅是個打扮光鮮亮麗的演員，同

時她也是個人道主義者，知道如何運用她的形象來幫助別人。」

我們明白風格並不止於對時尚有影響力。以某個角度來看，風格是全面性的。如果我們同意蓋斯特（C.Z. Guest）的話，那麼風格便是「力爭上游與經歷難關，卻能夠泰然處之。」那麼奧黛麗的經歷對於她的風格以及成為一個偉大的女性有著很大的影響力。不論她在個人或藝術上，甚至時尚的選擇，奧黛麗克服她早年的恐懼與失落，成為歷史的一部份，並成為引領時尚的先驅，廣受全世界女性帶著崇拜、實踐與信仰的精神，去景仰她所樹立的典範。

一九九二年十一月，到索馬利亞（Somalia）艱苦地出差回來之後，奧黛麗感覺相當疲憊，心情也很低落。原先她以為是感染到阿米巴病毒，於是奧黛麗前往洛杉磯的席德賽內（Cedars-Sinai）醫學中心做全身檢查。檢驗結果竟然是癌症。她的病情急轉直下，迅速惡化。她在切除了盲腸與結腸之後，不到幾天的時間，腫瘤又蔓延到她的胃。羅伯與她的兩個兒子一直陪侍在旁，而她的管家喬維諾也立刻將兩隻狗從瑞士帶過來。

奧黛麗決定不再接受化療，她想起一九八八年時和約翰艾薩克的談話，她告訴家人說：「你可以去問問約翰，我在生病前就說過這樣的話。」羅伯與西恩打電話給約翰，要確認奧黛麗的願望。「這實在很為難，」約翰承認說：「因為我肯定她的家人希望她接受化療，但我卻只能說出事實，告訴他們她確實希望不要接受化療。」到了十一月底，醫生宣佈她的病情已到末期，加上無法做任何有效的疼痛處理，醫生也束手無策。大家聚在康妮華德的家中，奧黛麗說出她的希望：回家並在瑞士慶祝聖誕節。紀梵希急忙向邦妮美隆（Bunny Mellon）商借她的噴射飛機，以便載滿所有奧黛麗喜歡的花回到瑞士。

臨別之前，大家在康妮這棟曾經充滿歡樂的豪宅裡為她餞行。席中都是奧黛麗最親密的朋友，康妮、畢克夫婦、懷德夫婦都到齊了。「面對這件事情時，我們是為她餞行，因為她要返回瑞士，」畢克回憶當時歷歷在目的情景，「但其實是為她送別。」懷德太太一直不覺得奧黛麗的狀況有這麼糟。「當然她看起來很憔悴，臉色很蒼白，但我見過比她更糟的……，她真是個勇敢的人。我們跟她說

再見，而且知道這是天人永別。」畢克覺得奧黛麗一直在強撐著，以免掃了大家的興。他用「英勇」這樣的字眼形容奧黛麗。奧黛麗曾經向畢克的太太維若妮卡說：「癌症的痛真是恐怖。」但是她仍忍痛陪著大家，讓大家開心。「當我在車上聽到這句話，」畢克坦言道：「就像有一個葡萄柚那樣大的結，卡在我的喉嚨裡。」

當他們吃完晚餐走出去，有一個小報攝影記者躲在比佛利大道高聳的棕櫚樹旁鬼鬼祟祟準備拍照。憤怒的畢克叫他趕快離開，否則要報警處理。「禿鷹！」奧黛莉懷德很唾棄這種人，她覺得這個攝影師怎麼這麼沒有自尊心。

赫本的病，震驚了每個人。大家都意想不到——真是天理何在啊！病情惡化地太快了。「聽到她生病，我真不敢置信，」奧黛莉懷德想起這段悲慘的往事，「什麼意思？她病了。聽到比你年輕的人生了重病，真是無法相信。尤其得到那樣的病，更是突然，因為上次看到她，她還好好的。突然晴天霹靂，她就要去世了。明明剛才還活得好好的，一下子她就病逝了。」

奧黛麗待在和平之邸的最後那個月，所有她最摯愛的人，羅伯和她兒子都在身邊陪伴她。「我很高興可以待在家裡，」她說：「這樣子又可以看到我種的樹。」紀梵希常常過來陪伴她，但小心翼翼地不要讓她太勞累。桃樂絲勃連納幾乎每天都陪著她，為奧黛麗盡心做所有的事情。「她是我的心、我的靈魂，這是天經地義，毋庸言說的。」

奧黛麗只要走得動，她一定會去花園，直到那些狗仔隊把她最後的快樂也剝奪了。她最後的禮物，是買了三件毛衣外套送給西恩、羅伯，另外一件深藍色的送給紀梵希。她在紀梵希前來探視時，將外套送給他，並送上她的吻，喃喃說：「你穿著這件衣服時，就可以想到我。」

羅伯記得他們最後相處的情景。「最後的這個聖誕節是我一生中最珍貴的記憶。能夠和兒子還有我相聚在一起，對她來講是一件非常重要的事。我們到她去世的那一天，還是同床共眠。我記得奧黛麗在黑夜中說：『這是我最快樂的一個聖誕節。』」

　　一月十日，奧黛麗在羅伯與桃樂絲的攙扶下，最後一次來到花園散步。她在每一個花區停下來，並提醒管家喬維諾要種些什麼，而且春天來時要注意哪些事情。

　　「你一定可以看到花開的！」他這樣告訴她。

　　她看看他。對於死亡，就像看待她的生命，她都非常地實際。奧黛麗並不覺得死亡不公平，那是自然的一部份。「到時候我會在這裡。」她回答管家。即使在臨終的前幾天，她還是希望羅伯可以笑得出來。「她對我說：『羅伯，為我笑一下吧！』」羅伯還記得：「為了她，我真的笑了。」

　　奧黛麗一直都在撐，但終於有一天，她對盧卡說：「我很抱歉，但我已經準備好要走了。」奧黛麗於一九九三年一月二十日星期三，下午七點病逝在家中，享年六十三歲。她長眠於住家附近一處寧靜的鄉村墓園，奧黛麗下葬時戴著羅伯與西恩送的兩只戒指。「我們都覺得這樣做是對的。」羅伯靜靜地說。告別了她優雅的一生，不僅湧來舉世的哀悼，她的兒子、紀梵希、羅伯‧沃德斯以及前兩任丈夫梅爾法拉與安得烈多堤都參加了她的葬禮。「現在上帝身邊多了一位最美麗的天使。」依莉莎白泰勒說出她的哀思。世人皆有同感。

　　她的家人與朋友對於她的辭世同感哀傷。「她騙了我，」桃樂絲到今天還是這樣說：「我們約好要一起走的。」她的逝世更令沃德斯哀痛逾恆。因為我們一直覺得上帝賜予的最好禮物──如美貌與善良將使我們不會受到命運的捉弄。實則不然，即使像奧黛麗這樣善良美麗的人，也無法改變命定的事實。

　　羅伯一直不斷地自責與懊悔：當初應該這麼做就好了。奧黛麗罹患重病之後，他問她說：「如果這幾年，我們好好待在瑞士，和家人、小狗團聚，這樣不是更好嗎？」奧黛麗很少對羅伯生氣，但他這個至情至性的要求，讓她覺得過於自私，只想到自己，她對他說：「你應該想想，這樣我們會失去更多。」

　　直到現在，如果羅伯知道聯合國的工作會使得奧黛麗這麼早去世的話，他一定會毫不猶豫地放棄這些工作，如此一來，奧黛麗就可以多活幾年和他們一起快樂地生活。她去世後的第三年，他接受Sigma Theta Tau醫療學會頒給奧黛麗的

獎章，在會上侃侃而談奧黛麗對他不凡的意義。「有位聰明的朋友告訴我，她堅信有一天我會覺得奧黛麗活著時，觸動我的生命，這些意義遠比她逝世的事實還要重要。那一天一直沒有到來。痛苦與失落的感覺緊緊揪在我的心頭。但是痛苦本身漸漸有了一些變化。一開始，它像是敵人，讓你不想面對，也不願處理。但隨著日子一天天過去，它漸漸像是朋友，或是一種安慰。失去摯愛的痛苦，是人間最難承受的事；但時間慢慢地過去，你會了解，失去他們的痛苦使得你對這些人的記憶永遠鮮明。也提醒你自己，你還有更多值得去愛。」

「我所了解的是，我們對奧黛麗的思念永遠不變，並非她的逝世，而是她的早逝。她留給我們的訊息是用愛去信任與希望，這一點將最值得我們懷念。如果她還有未了的心願，那就是她的工作應該繼續下去。」

奧黛麗永遠活在那些深愛她的人心中與記憶深處。盧卡說，每次他經過巴黎的花店就會想起母親。「我錯過了她對我說的話，」他不得不承認：「現在沒有她在旁教誨，什麼事情出了差錯，我只能自己想辦法解決。」桃樂絲勃連納說，她真是無時無刻不想念奧黛麗。「無論我做什麼事，我知道她都會看得到，也會以我為榮。即使是日常的事情，有時我知道她就在我身邊。」傑佛瑞‧班克斯覺得奧黛麗並沒有離開人間，雖然「我沒辦法坐著把電影看完，我覺得很生氣，因為我看不下去。」有一天下午他正巧站在曼哈頓72街與邁迪遜大道的雷夫羅蘭店門外，整條街迴盪著擴音器傳出奧黛麗的〈月河〉，「我必須離開那裡——我聽到了她的聲音，真是情何以堪！」

雖然我們大部份的人都沒有這份榮幸可以得到奧黛麗的友誼，但她還是有許多值得我們學習的地方。最後，我們覺得奧黛麗帶給了全世界喜悅——經由她的優雅，她的風格以及她所樹立的典範。正如她的一個朋友說的：「任何人只要看到奧黛麗赫本，一定是高興地離去。」她的兒子西恩記得：「她相信愛可以治療、撫慰、平復一切的傷痛，讓事情獲致圓滿的結果。」

雖然她未曾強調過她的宗教信仰，奧黛麗的格局與胸懷是源於內在精神。她相信生命的目的「不是只為了這一天，這樣太過物質主義，而是要珍惜每一天。

我了解大部份的人都活在表面，因為他們不懂得欣賞『可以活著就是一種幸福』的道理。」約翰艾薩克透露說，奧黛麗是個「很有哲學思想的人，她喜歡詩，尤其喜歡一九三〇年代諾貝爾文學獎得主，偉大印度詩人兼哲學家泰戈爾（Rabindranath Tagore）的詩集。」她記得其中一句詩是這樣說的：「每個小孩都是上帝用來提醒我們，這世間還有希望。」

事實上，他們後來才知道兩人不僅喜歡同一首詩，也對詩有著共同的喜好。「我們誰也沒對誰說過──有一次我告訴她，我很喜歡一首詩，她說她也有一首很喜歡的詩。於是我們開始交換心得。泰戈爾提到過愛，他也說過真正的友誼。他說：『希望我對你的愛不會造成你的負擔，因為我選擇愛你，就要愛得自由自在。』這幾乎是一種不求回報的無私大愛。」奧黛麗的優雅與無私，泰戈爾早已為她的人生哲學寫下最好的註解。

從研究奧黛麗的生平中，我們可以看到她在時裝上展現出的精緻典雅風格。她並未趨炎附勢追求流行，而是好好地了解自己的生命與心靈，從而選擇最適合的衣服。根據沃德斯的說法：「她認為優雅形之於簡單，而不是展現出繁複與奢華。這樣的信念更是鼓舞著當時的人，覺得自己可以掌握優雅的舉止。」我們也應該像奧黛麗一樣發展自信，充分發揮我們的優點，展現出我們自己對時尚的直覺。

優雅、節制、謹慎、簡單與風格。奧黛麗真實的自我，正與她在電視與螢幕上所展現的形象一致，而她帶給我們的啟示更不僅止於優雅。這一點黛安娜芙麗蘭說的最為正確：「沒有情感，就沒有美感。」觀眾除了愛她美麗絕俗的外表，觀眾也愛她的情緒、她的謙沖、她的幽默與她的脆弱、堅強。他們更是崇拜奧黛麗的天賦與才能，最後奧黛麗運用這些長處幫助別人。人們應該響應奧黛麗的良善本質──這些是非曲直與想法也反映在她對髮型的選擇以及她所選擇的生活形式。

從奧黛麗的風格中，我們也可以在自己的生活中找到這些印記。為了創造更

美好的生活，我們不僅要有光鮮亮麗的外表，更要活出真實的自我。在她的紀念會上，她的兒子西恩回憶說：「去年聖誕夜，母親唸了她最喜歡的作家寫的一段文章給我們聽：『請記住，當你需要援手時，它就在你的手上。當你長大後，你一定要記住，自己還有第二隻手，第一隻手是自助，而第二隻手則是用來幫助別人的。』」

我們會永遠記得奧黛麗，記住她的美麗，記得她對世人的貢獻，或許最不記得的是她的時尚風格。奧黛麗去世之後，她的兒子西恩說：「我的心裡永遠想著她，她是我最好的朋友。」紀梵希也說：「在每一場發表會上，我的心、我的筆、我的設計都是跟著奧黛麗走。奧黛麗雖已去世，但我仍感受到她與我同在。」愈了解奧黛麗，她的優雅、風格、利他行為以及她的一生，我們心裡就愈懷念她；並將她的神奇魔力散播在我們的世界裡。

從研究奧黛麗的生平、勇氣以及她所克服的一切，更教我們可以做出正確的選擇。了解歷史讓我們以更宏觀的角度看待自己的生命。奧黛麗勇氣十足地面對困境，拒絕放棄，拒絕受到納粹的壓迫，父親的失蹤或是婚姻失敗的傷痛，在在展現了她獨有的優雅。決定活得快樂需要勇氣，也是她的風格中最真實的體現。

巨星風采

「她走了進來，」史帝芬梅索還記得當時情況：「穿著一件藍色高爾夫球外套，身著長褲，還戴著太陽眼鏡。那是我這一生最重要的日子。」

梅索是為了《浮華世界》一九九一年五月的雜誌封面，在格林威治村（Greenwich Village）的工業片場（Industrial Studio）負責奧黛麗的拍照工作。梅索找了他平日的夥伴——凱文奧克恩擔任化妝、嘉倫（Garren）負責髮型、羅伯依沙貝爾（Robert Isabell）負責提供鮮花——一起完成此項傳奇任務。奧黛麗於稍早之前便會同造型師瑪麗娜席雅諾（Marina Shiano），一起到雷夫羅蘭那邊挑選服裝。這對奧黛麗是再簡單不過了。「這件可以，那件可能不好。」奧黛麗從金屬掛架上一一挑選，最後她挑了一件黑色的合身洋裝，及收腰外套。她知道自己適合怎樣的衣服。

想到要與奧黛麗見面，這些人害羞地像參加舞會時，要去接舞伴的心情。他們事先並未討論，結果大家很有默契地全穿上西裝打起領帶。如果你熟悉時尚界的話，連平日在後台忙著為名模凱特（Kate）或娜娥米（Naomi）化妝，只穿牛仔褲白色襯衫的凱文奧克恩也雀躍地穿上西裝。儘管，凱文已經告訴過他的同事們奧黛麗人很好（他第一次和奧黛麗合作是與艾弗登一起為露華濃〔Revlon〕拍照），但他們還是很緊張。

當他們一早抵達片場時，史帝芬問每個人說：「你猜奧黛麗今天中午要吃什麼？」

是煎蛋嗎？有人這樣猜。香檳？還是M&M巧克力去掉紅色糖球？

答案揭曉：「花生醬加果醬三明治。」

奧黛麗走進來時，梅索差點跌破眼鏡。她真的六十二歲了？天啊？她真是漂亮。他覺得奧黛麗看起來有一七八公分——他根本不知道奧黛麗有多高——而她的身材好棒喔！「奧黛麗就與我夢想中的人長得一模一樣，」史帝芬說：「她人既和善又親切，並且還十分風趣。」

經過一陣寒暄，點了卡布其諾之後，凱文開始幫奧黛麗化妝，而史帝芬則先拍下幾張拍立得照片，商議著待會兒要怎麼拍。他希望奧黛麗把頭髮梳高一點，但奧黛麗很有禮貌地拒絕了。她幫《時尚》雜誌拍照已行之多年，她提醒他，關於時尚封面她已經拍得很多了，她不希望再走回老套。梅索向來習慣只要有任何的想法時，他就會重塑模特兒形象（過去他說服琳達依凡傑莉絲塔〔Linda Evangelista〕把頭髮從紅色染成藍色），很快地便同意了。

凱文過去曾經在奧黛麗接受林肯中心頒獎時，幫她化過粧，他覺得：「和她共事的感覺不像和一般人相處的感覺，她有著天使般的特質，她像是不食人間煙火的仙女。即使她已經走了，她的形象還是在你腦海中盤旋不去。」但我們千萬不要把奧黛麗誤以為是穿著高領毛衣的泰瑞莎修女：「她並不曾刻意表現神聖或高人一等，她只是有這樣的外表、精力，從她的內在發光發熱。」

奧黛麗從她的包包裡拿出一只口紅，她希望凱文試試看這種珊瑚色的口紅。他從未將這種顏色和她聯想在一起，但是他一向不會告訴對方可以或不可以怎樣。凱文幫她上了這種珊瑚顏色的口紅，結果效果出奇的好。凱文喜歡與奧黛麗工作的原因，是因為她很專心。大部份他所合作過的人，腦海中都不斷地在想事情。但是當你和奧黛麗說話時，她會全神貫注。凱文也很熟悉一些名人的公眾形象與實際面目通常差個十萬八千里。當朋友問到奧黛麗是怎樣的人，他告訴大家，她就像螢幕上看到的那樣。「他們聽了嚇一跳，因為她的公眾形象很好，沒有人可以想像在現實中會有這樣的人。」

最後一切就緒，燈光打好，奧黛麗最喜歡的大衛布魯貝克（David Brubeck）音樂響起，奧黛麗看起來真是很美。她走進白色背景區，手裡捧著羅伯依沙貝爾準備好的長莖鬱金香，梅索在他的照相機背後就定位。每個人都退到一邊去。現在就看奧黛麗和史帝芬了。他拍著奧黛麗，奧黛麗手中的花，就像她在《甜姐兒》中輕盈步下羅浮宮的台階一樣，他永遠也忘不了。「我們拍完照片之後，眼睛都泛著淚光，這不是我的功勞，我只是負責拍照。都是奧黛麗的風采才讓照片不一樣，這就是奧黛麗。」

謝詞

如果沒有奧黛麗的友人、影迷與同事的指導、建議與協助,這本書將無法完成。我要感謝他們的優雅、敏銳觀察以及慷慨襄助。他們是:凱文奧克恩、席得艾弗瑞、朗艾弗瑞(Ron Avery)、彼得巴卡諾維(Peter Bacanovic)、波格萊與密緒卡、賴迪提亞鮑狄吉、傑佛瑞・班克斯、妮娜貝(Lina Bey)、珍妮絲布萊克席勒格、布雷尼克、桃樂絲勃連納、辛西亞凱絲卡特(Cynthia Cathcart, Condé Nast)、羅絲瑪麗克隆尼、鮑伯柯森(Bob Cosenza, The Kobal Collection)、史都克朗勒、崔西巴德戴(Tracy Budd Day)、丹尼斯迪路卡(Denise De Luca)、嘉莉多諾梵、卡洛琳杜弗提(Caroline Dougherty)、蒂芙妮杜賓(Tiffany Dubin)、凱特琳娜費勒(Katarina Feller, Christie's Paris)、莫西摩費洛加莫(Mossimo Ferragamo)、潘蜜拉費歐里、金柏莉佛蒂爾(Kimberly Fortier)、夢露佛萊德曼(Monroe Friedman)、紀梵希、安妮海格提(Anne Haggerty, Cond'e Nast);金哈里斯(Kym Harris, Givenchy)、坎伯藍哈特(Campbell Lane Hart)、潘尼羅普哈伯赫斯、莫琳赫儂(Maureen Hornung)、約翰艾薩克、金凱茲(Jim Katz)、溫蒂凱斯(Wendy Keys)、麥克・格爾斯、依蓮娜藍伯特(Eleanor Lambert)、雷夫羅蘭、茉莉萊佛曼、克里斯多夫里特(Christopher Little)、約翰羅寧、喬治莫凱里斯(George Malkeris)、艾米馬克(Amy Mark)、羅迪麥道威爾、史帝芬梅索、寶麗美隆、貝絲曼德森(Beth Mendelson)、卡洛羅寧絲密勒(Carol Rawlings Millers)、賴蒙特維爾(Leigh Montville, Conde Nast)、瑪麗派森絲(Mary Parsons)、葛雷哥萊畢克、亨利普雷特、南西雷根、克莉絲塔羅絲(Christa Roth)、辛西亞羅麗、法蘭西佛伯格(Fran Silverberg, UNICEF)、麗姿史密斯(Liz Smith)、凱特史巴德、史蒂芬史匹柏、艾倫席維里多夫(Allen Sviridoff)、布萊恩史溫尼(Brian P. Sweeney)、費伊湯普森(Faye Thompson, AMPAS Library)、克

PAULETTE GODDARD
COLBERT
BACALL
OSIRIS
MANGANO
ANNA
SOPHIA LOREN
DUCHESSA
REGINA
AUDREY

AUDREY STYLE

莉絲緹朵寧頓、康妮華德、里德與荷莉沃克（Reid and Holly Walker）、王薇拉、奧黛莉懷德、羅伯威勒比、保羅威莫特（Paul Wilmot）、亨利吳爾夫、史蒂芬妮詹納迪（Stephanie Zanardi）。

我必須要向所有在我之前已經報導過奧黛麗的新聞記者、採訪者以及傳記作家致謝：瑪麗布雷勒（Marie Brenner）、里查布朗（Richard Brown）教授、尼可拉斯柯立芝（Nicholas Coleridge）、多明尼克杜恩（Dominick Dunne）、賴瑞金、巴瑞巴黎斯（Barry Paris）、克帝斯比爾派伯（Curtis Bill Pepper）、波鐸斯基（J.D. Podolsky）、席爾曼（M. Silverman）、安妮特泰伯特（Annette Tapert）、維達爾以及芭芭拉華特斯（Barbara Walters）。

我很感謝哈潑柯林斯（HarperCollins）出版公司讓這本書得以付梓，我的編輯茱爾帝伯格（Joelle Delbourgo）；另外要感謝羅絲安葛拉斯（Roseann Glass）與約瑟夫蒙特貝羅（Joseph Montebello）。美編馬修甘瑪（Matthew Guma）、蘇西歐本海曼（Susi Oberhelman）慧眼獨具挑選出最能代表奧黛麗優雅氣質的時裝以及紀梵希的服飾。行銷部門的創意和努力讓這本書得到讀者的青睞，他們是克萊格賀曼（Craig Herman）、瑪姬麥克瑪洪（Maggie McMahon）與凱特史達克（Kate G. Stark）。

感謝我的經紀人瓊安娜普希妮（Joanna Pulcini），她的眼光、樂觀以及對衣服的品味正是所謂的奧黛麗風格。琳達雀斯特公司（Linda Chester Agency），我要獻上感激的花束，向他們致意。研究助理彼得賽希林（Peter H. Saisselin）的直覺、幽默感與流利的法語對我助益匪淺。

最後我要感謝我的家人，特別是我的兄弟姊妹——派翠西亞、彼得、泰莉、迪爾、詹姆斯與史考特，他們的影響、鼓勵與歡笑是我生活喜悅的來源。奧黛麗的一生充滿了愛；因為我的家人，我的生活也充滿了愛。這本書是為他們寫的。

圖片來源

P106：© Bob Willoughby 1999

P107：奧黛麗與她的小鹿「伊比」在比佛利山莊逛街，1958年。© Bob Willoughby 1999

P108-109：Inge Morath/Magnum Photos

P113：《黃昏之戀》。The Kobal Collection

P114：李察艾弗登1961年在巴黎為《哈潑時尚》幫她拍照的情景。Henry Wolf

P117：Henry Wolf

P118：《羅馬假期》。The Kobal Collection

P121：Henry Wolf

P122：《謎中謎》卡萊葛倫與奧黛麗。The Kobal Collection

P125：© Bob Willoughby 1999

P126-129：美容大師DARAC 為 Prescriptives做的造型建議。

P133：1962年奧黛麗在巴黎拍攝《巴黎假期》，她身上穿的便是紀梵希服飾。© Bob Willoughby 1999

P134：奧黛麗拍攝《第凡內早餐》時穿的紀梵希外套。The Kobal Collection

P137：Bert Stern/Courtesy Vogue. Copyright © 1963（renewed 1990）by Condé Nast Publications, Inc.

P139：紀梵希服飾精品店，1965年於巴黎。Marc Riboud/Magnum Photos

P140：Bert Stern/Courtesy Vogue. Copyright © 1963（renewed 1990）by Condé Nast Publications, Inc.

P143：© Bob Willoughby 1999

P144：奧黛麗等待迪克艾弗登裝底片，他們於1961年在巴黎為《哈潑時尚》拍照的情景。Henry Wolf

P147：1967年，奧黛麗赫本主演梅爾法拉導演的《盲女驚魂記》。電影殺青之際，也是他們的婚姻終結之時。The Kobal Collection

P148-149：奧黛麗赫本與梅爾法拉的1958年聖誕卡。© Bob Willoughby 1999

P151：《儷人行》裡的奧黛麗赫本。The Kobal Collection

P152：The Kobal Collection

P155：奧黛麗赫本與紀梵希在FIT紀梵希回顧展。Courtesy Givenchy

P157：花園裡的奧黛麗。Original Illustration Courtesy Jeffrey Banks

P161：《偷龍轉鳳》劇照。The Kobal Collection

P162：The Kobal Collection

P165：奧黛麗赫本與安得烈多堤在瑞士結婚。Corbis/Bettman-UPI

P169：1968-1969年奧黛麗赫本與紀梵希在巴黎。Courtesy Givenchy

P175：1962年巴黎奧黛麗離開《巴黎假期》片廠時，身後是髮型與化妝工作人員。© Bob Willoughby 1999

P176：The Kobal Collection

P177：© Bob Willoughby 1999（上圖）、MPTV（中）、The Kobal Collection（下圖）

P178-79：1961年在巴黎《哈潑時尚》拍照時，迪克艾弗登為奧黛麗整裝，旁為「出名」。Henry Wolf

P190：為《浮華世界》拍照時，奧黛麗戴著她最愛的珠寶。Steven Meisel, Courtesy A＋C Anthology

P192：奧黛麗、紀梵希，還有她身上的漂亮衣服。Courtesy Givenchy

P195：奧黛麗主持《世界花園》時，正在閱讀《安妮日記》。Mick Hales, Copyright Perennial Productions

P199：Bob Willoughby/MPTV

P203：奧黛麗在巴黎的玫瑰花園，身著雷夫羅蘭服飾。Mick Hales, Copyright Perennial Productions

P204：奧黛麗在英國主持《世界花園》。Mick Hales, Copyright Perennial Productions

P206：奧黛麗、羅伯、雷夫與麗琪羅蘭合影。Star Black

P209：奧黛麗主持《世界花園》在京都的禪寺花園。Erica Lennard. Copyright Perennial Productions

P210：史蒂芬史匹柏1990年執導的《直到永遠》，這是奧黛麗第一次到蒙大拿拍片。Universal/MPTV

P214：（右圖）1992年奧黛麗攝於索馬利亞，（左圖）攝於肯亞。Courtesy UNICEF/5092/Betty Press

P215：奧黛麗最喜歡的照片，攝於衣索匹亞。John Issac/courtesy UNICEF

P216：奧黛麗赫本在越南，穿著當地服裝。Courtesy UNICEF

P218：奧黛麗生前最後的照片之一，攝於逝世前的幾個月。

P227：拍這張照片時，奧黛麗擔心大腿部份露出太多了，梅索跟她保證不會。Steven Meisel, Courtesy A＋C Anthology

P228-9：奧黛麗與工作人員：史帝芬梅索、嘉倫、與凱文奧克恩正在幫她化妝。Steven Meisel, Courtesy A＋C Anthology

P231：Steven Meisel, Courtesy A＋C Anthology

P233：1962年奧黛麗於巴黎拍攝《巴黎假期》。© Bob Willoughby 1999

P234：薩爾瓦多費洛加蒙和他的鞋櫃。Courtesy Ferragamo

P239：Bert Stern/Courtesy Vogue. Copyright © 1963（renewed 1990）by Condé Nast Publications, Inc.

P240：Steven Meisel, Courtesy A＋C Anthology

人生最重要的莫過於享受生命，過得快樂
——這才是最重要的事情。

——奧黛麗赫本

為了繼續奧黛麗對兒童服務的人道關懷，
請與聯合國兒童基金會聯絡。

地址是：
U.S. Committee for UNICEF
333 East 38th street
New York, NY 10016

電話號碼：212-922-2549

www.unicef.org